FUTURE

FUTURE

FUTURE

FUTURE

當代古典占星研究

入門古典占星的第一本書

Traditional Astrology for Today: AN INTRODUCTION

班傑明‧戴克 博士——著
BENJAMIN N. DYKES

韓琦瑩——譯
Cecily Han

致謝

班傑明・戴克 博士

我在此感謝以下的朋友與工作夥伴，人名順序以阿拉伯字母排列：克里斯・布倫南（Chris Brennan）、法蘭克・克里福（Frank Clifford）、德梅特拉・喬治（Demetra George）、雷莎・修姆（Leisa Scheim）、羅伯特・修密特（Robert Schmidt），以及我的老師羅伯特・左拉（Robert Zoller），我同時也要感謝許多參與演講與研討會的同學們，為本書貢獻許多寶貴的意見。

目錄

致謝　　3

序　　致台灣讀者　　8

推薦序　　站上古典占星復興運動的浪頭／秦瑞生　　10

推薦序　　從古典占星的預測，學到誠實與謙卑／楊國正　　19

譯者導讀　　進入古典占星的細膩世界／韓琦瑩（Cecily Han）　24

前言　　古老的占星學　　34

part 1
歷史、觀念、價值觀　　41

01 古典占星的歷史　　42

02 哲學思想學派　　65

03 星盤是我們想法的投射嗎？　　72

04 吉凶好壞：古典占星的價值觀　　79

05 幸福與占星諮商　　86

part 2
占星法則與觀念   99

0 6 行星與其他星體   100

0 7 星座   105

0 8 尊貴力量的應用   112

0 9 宮位   122

1 0 相位與不合意：注視與盲點   137

1 1 特殊點   150

1 2 解讀星盤的兩個判斷法則   158

1 3 預測方法   168

1 4 簡單的案例研究   178

1 5 古典占星的常見問題   185

part 3
特別收錄　201

訪 談　班傑明・戴克與古典占星的復興風潮
　　　　妮娜・葛瑞芬（Nina Gryphon）採訪撰稿　202

概 論　百餘年來西洋占星學的發展演變概述
　　　　秦瑞生　218

附 錄　西元1914年4月29日4:15 PM 倫敦卜卦盤　251

後 記　252

附錄 A ：延伸閱讀　253
附錄 B ：重要的中世紀占星著作集結　258
附錄 C ：練習題答案　260
詞彙表　262
參考文獻　279

圖表目錄

圖1：行星與南北交點符號　40

圖2：星座符號　40

圖3：部分行星運作狀態　81

圖4：吉星與凶星　83

圖5：宮位的基本定義　84

圖6：行星對社會的關係（阿布・馬謝）　101

圖7：四正星座　110

圖8：行星對應各星座的廟宮（外圈）與旺宮（內圈）位置　114

圖9：行星對應各星座的陷宮（外圈）與弱宮（內圈）位置　118

圖10：主要的必然尊貴與必然敗壞／無力表　120

圖11：宮位的基本意義　124

圖12：八個有力位置：法老王、阿布・馬謝、阿拉—夸比斯
（al-Qabīsī）　131

圖13：七個吉宮位置（灰底處）：提梅攸斯（Timaeus）、都勒斯、
薩爾　132

圖14：古典相位容許度（可前後加減度數）　140

圖15：與第十宮的火星形成不合意的宮位（白色區塊）　143

圖16：與上升位置形成不合意的宮位（白色區塊）　145

圖17：從ASC開始前進的小限年紀　172

序
致台灣讀者

班傑明・戴克　博士

經過幾個世紀，幾乎被遺忘的古典占星正在復甦，而現今，全球的占星學生開始熱愛埃及、希臘、印度、波斯、阿拉伯與拉丁歐洲的占星學問，尤其在東方世界。我很高興且榮幸有此機會將這本古典占星學介紹書，首次翻譯為中文，這要特別感謝我優秀的工作夥伴Cecily。

許多人將古典占星視為學習一項全新的占星語言，我希望這本書於此能有所助益；當然，這本書無法介紹所有古典占星的知識，但它可以是進入這項令人興奮的學問的第一步。如果你持續研究，將會發現使用明確的預測方法，會使星盤的判斷與解釋更加精確，如此才能真正幫助人們瞭解他們自己的人生軌跡。

每天都有許多學生開始擁抱古典占星的方法，而每年出現

的許多譯著、課程，使人們更深深爲此著迷。在這個新的世界性社群中，有許多人誠摯努力地從星辰發現生命的智慧，並發掘先人所流傳的知識，我期待你也能成爲其中的一份子。

致上最誠摯的祝福

2013年10月

推薦序

站上古典占星
復興運動的浪頭

秦瑞生

　　本書原著作者班傑明・戴克博士長相斯文，風度翩翩，擁有美國伊利諾大學博士學位，擅長邏輯思辨，在大學院校教授哲學課程，專精於希臘亞里斯多德和斯多葛學派（Stoicism）的哲學意義；舉辦Logos&Light一系列講座、製作CD，為占星學和神祕主義者提供堅實的哲學基礎。步入二十一世紀後，成為古典占星學界的耀眼新星，他努力費心地整理、翻譯中世紀時期的占星書籍，涵蓋阿拉伯及返回歐洲後一些大學正式講授的重要典籍。由於他精通拉丁文及阿拉伯文，故對原典或相關不同語文的譯本，用心爬梳比對校正，真實地呈現語詞的原意，如西元2007年翻譯的古德・波那提（Guido Bonati）鉅著《天文書》（*Liber Astronomiae*）共十冊。筆者閱讀過他接受的兩次專訪（註1），都一再強調翻譯應有的精神，顯見他作為知識份子的學術堅持與真

誠的赤子之心。所以我常瀏覽他的網頁，期待著他出版新書或是新文章，這都能給自己帶來閱讀後的知識滿足感和心靈愉悅。

　　中世紀占星學（Medieval Astrology）是阿拉伯時期的占星家整理闡釋希臘／羅馬時期的占星資料，所形成的一個體系，當這些知識流傳返回歐洲後相當盛行，一些拉丁語系的占星家再詮釋使之更完備，熱潮持續至文藝復興時期，形成輝煌的頂峰。它是古典占星學最重要的基石，儘管某些占星學者認為阿拉伯時期的占星家可能在希臘原典上，有某些觀念誤解其意，或做太過擴充的解釋，如Almuten的計算（註2），但整體來說，瑕不掩瑜。就因中世紀占星學相當重要，研習古典占星者，或欲瞭解西洋占星歷史發展史者，有必要知道其演變。

　　西洋占星學在西元二～三世紀羅馬時期出現第一次黃金時代，同時期的波斯薩珊（Sassanid）王朝也熱衷科學知識，派大使至鄰近國家借來國內沒有的典籍，因而引進希臘天宮圖型式的占星學，西元一世紀都勒斯（Dorotheus of Sidon）的《占星詩集》（*Carmen Astrologicum*）乃在波斯境內出現。西元四世紀羅馬君士坦丁（Constantine）一世大帝在位期間，極力推行

註1：http://www.skyscript.co.uk
　　An Interview with Benjamin Dykes by Garry Phillipson.
註2：Rumen Kolev，*Greek & Arab Astrology: Hyleg, Alchocoden & Almuten* P.30 提及 Ptolemy、Arab、Medieval 計算分數標準不同。

基督教為國教，已開始打壓違反「全能上帝」教義的異教或異端，而狄奧多西（Theodosius）一世於西元380年宣布基督教為唯一合法的宗教，頒布法令取締驅逐一切異端邪說，包含占星學說。西元395年羅馬帝國分裂成東西兩個羅馬帝國後，繼位者狄奧多西二世更頒布「狄奧多西法典」（Theodosian Code）變本加厲地執行反異端法令，一些占星家紛紛避難到東羅馬帝國、敘利亞、波斯、哈蘭……等地區。

加上基督教史上相當重量級的人物聖奧古斯丁（St. Augustine，西元354～430年）極力貶抑占星學，遂使占星學的地位更快速地黯落。西元476年，西羅馬帝國被蠻族人入侵覆滅後，歐洲不復見到希臘文撰寫的占星學書籍。它們大部分散留在其他上述地區，尚能活絡流傳。

西元六世紀查士丁尼（Justinian）一世，武功甚盛，幾乎回復羅馬帝國分裂前的疆域，他於西元529年下令關閉雅典的柏拉圖學院，幾乎將基督教教義之外的其他哲學剷除殆盡，在占星學方面，僅醫藥和農耕的指導能流通，因此也奄奄一息。重要的占星書籍都保存在修道院和國家圖書館中，甚少有人借閱研究。占星家出走到波斯，帶起薩珊王朝第六至七世紀占星學研究風氣的盛行，直到西元651年被阿拉伯人滅亡為止（註3）。

所謂中世紀時期，一般歷史學者大都認定是從西羅馬帝國覆滅後，一直到西元1453年，土耳其鄂圖曼大帝摧毀東羅馬帝國（即拜占庭）的君士坦丁堡為止。原本被視為文明象徵的富

含渾厚文化氣息之文學詩歌、科學技術、醫學、藝術創作……
等希臘語文著作，在歐洲似乎消失或隱晦不明，不再公開講
授，故也有學者稱之為黑暗時代（Dark Age）。

西元七世紀初，中東的阿拉伯民族，受到宗教精神領袖穆
罕默德的感召，凝聚力甚強，快速統一整個阿拉伯半島，甚至管
轄至埃及、西班牙半島南部，建立橫跨亞、非、歐的大帝國。他
們鑑於鄰近國家或地區，如拜占庭、波斯、印度、中國……等知
識文化水平較高，尤其嚮往拜占庭，遂興起效尤之心，渴求學問
知識。西元九世紀阿拔斯（Abbasside）王朝期間，約為西元833
年，在首都巴格達成立智慧宮（House of Wisdom），為國家級
的綜合性學術機構和高等教育學府，邀請學識淵博的學者來講
授，並派大使到君士坦丁堡借書，廣泛搜集各類科別的重要著
作，推行翻譯運動，著手翻譯或重新註釋。在天文學和占星學方
面，托勒密（C. Ptolemy）的《天文學大成》（*Almagest*）和《四
書》（*Tetrabiblos*）最受矚目，其他的占星書籍也大都匯流到阿
拉伯，讓占星學得以保留並發揚光大。

中東哈里發（Caliph），即回教主，身旁常有宮廷占星家當
顧問，如巴格達首都的興建，就依波斯人納巴特（Nawbakht）
帶領的占星家／天文學家所組成的團隊，選定西元762年7月

註3：Demetra George，*A Golden Thread: The Transmission of Western Astrology Through Culture*。

31日，約下午2:40吉時奠基（註4）。國家也設立天文台觀測星象，在精良的計時器未被發明之前，對禮拜虔誠的伊斯蘭子民來說，天體大時鐘的運用，幾可彌補其缺憾。阿拉伯天文學相當發達，著名的中東歷史學者希提（P.K. Hitti）的《阿拉伯通史》曾說：

「阿拉伯天文學家把他們辛勤勞動的、永垂不朽的成績保存在天上，我們看一看一個普通天球儀上所記載的星宿名稱，就可以很容易地看到這些成績。在各種歐洲語言中，大多數星宿的名稱都來源於阿拉伯語……，而且有大量的天文學術語，如azimuth（地平經度）、nadir（天底）、zenith（天頂）等，也同樣來源於阿拉伯語。由此可證明，伊斯蘭給基督教歐洲留下多麼豐富的遺產。」（註5）

希提所言極是，恒星（fixed star）名稱中前頭有Al的，如壁宿二Alpheratz、昴宿六Alcyone、畢宿五Aldebaran……，不勝枚舉。另外，發明平面的天文儀器象限儀（astrolabe），可輔助天文學家（十八世紀啓蒙運動前，天文學家與占星學家尚未分流，其實就是占星家）概算當地命主出生時刻或卜卦起盤的ASC、MC……等一些天宮圖的基本需求，也可推估恒星位置。

除了占星學外，阿拉伯民族在醫學、化學（煉金術）、希臘哲學……也極有成就，到了西元九世紀末，這些學問都藉由曾統治過的西班牙半島南部返回歐洲，讓歐洲重新看到文明的曙光，間接促進文藝復興。另外約於西元1000年左右，占星學又開

始在拜占庭流行起來，竟是由於波斯人或阿拉伯人註釋的占星書籍傳回交流所致，歐洲方面亦復如此，理查‧塔那斯（Richard Tarnas）在《西方心靈的激情》第228頁所述就能證明：

「隨著阿拉伯著作的翻譯在連續幾代人中繼續進行，早在希臘化時代形成，在亞歷山大學派與煉金術傳統中得到闡述，並由阿拉伯人加以發揚的祕密占星學概念，在中世紀知識份子中間慢慢取得了廣泛的影響。」

後來因幾次十字軍東征，造成中東與歐洲民族間產生重大的宗教與文化之激烈衝突；文藝復興時期，部分占星家有意忽略阿拉伯人對占星學的貢獻，令人遺憾！（註6）

波斯／阿拉伯占星學對古典占星學的貢獻，約可歸納如下：

1. 保留希臘／羅馬時期占星學的基本架構，並擴充自行發現或解釋的內容。

2. 都勒斯的宮主星運用，或托勒密的Almuten（經計算相關度數其廟、旺、三分性、界、外觀等不同計分，選擇最高分的行星作Almuten管轄）。

3. 恒星表的建構，命名與整理。

註4：詹姆士‧霍登，*The Foundation Chart of Baghdad*。
註5：轉錄自江曉原《歷史上的星占學》1995年版，P.188。
註6：莫林，*Astrologia Gallica*，常流露對阿拉伯占星家的鄙視與輕蔑。

4.在希臘點（Greek Lots）的基礎上，擴充爲阿拉伯點（Arabic Parts）。

5.具體使用太陽迴歸（Solar Return）作爲流年運勢的預測方法之一。

6.創新太陽始入（Solar Ingress）的國運盤供時事推論，尚根據木星和土星會合週期、彗星……等。

7.引進波斯的法達大限（Firdārīyyah），印度的九分盤（註7）。

8.具體明確卜卦、擇日的規則，建構新的相位和行星間的關係。

　　波那提的前述名著就是彙整阿拉伯時期波斯、阿拉伯許多重要名家的著作內容。這本書對往後的古典占星學起了相當重大的作用。戴克博士的占星學老師羅伯特・左拉（Robert Zoller）精研此書，將其精華再做釋例解說，名爲中世紀占星學，而在占星學界擁有一片天。西元1980年代歐美地區掀起的古典占星學復興運動，就是他帶起浪頭的，甚有貢獻。戴克博士跟隨老師的腳步，繼續在中世紀占星學深耕，終於展現成果，所譯諸書幾乎都是占星學發展史中列爲必讀的重量級名著。

　　譯者Cecily所譯的這本書原著內容雖不多，卻是奠定古典占星學重要觀念的入門書，極佳的指南。誠如戴克博士在序言

註7：返回歐洲後，印度的九分盤甚少被提及，文藝復興時期後就不再有它的蹤影。

中所談，本書可以滿足讀者對古典學基本架構、專有名詞、歷史及歷史上占星名家與其重要著作的初步瞭解；也能符合瞭解古典技巧、提升解盤能力的期望，又可回應一般人，尤其是現代心理占星學執業者，對古典占星學的質疑，如本書第十五章〈古典占星的常見問題〉中提出的思辯，能適當地解答對古典占星學的誤解甚或不理性的攻擊。他以理性面對，不出惡言、伸出友誼之手，願意溝通交流。以紮實的哲學背景，合理地解說行星的吉凶狀態，就像它的功能運作得好或不好，可能產生順利或阻礙的結果，恰當地反映人生的經驗，貼切地描述我們日常所面對的人生，這豈是常被人指責的宿命論？同樣地，他認為宮位的好與壞，也是一般世俗的價值觀，攸關人所處的幸福與不幸福，我們自然會經歷到順境與逆境，當面臨困頓，也許是我們所不能控制的，重要的是，要如何學習面對。戴克博士在本書中說，亞里斯多德告訴我們必須學習情緒管理，而斯多葛則認為我們要學習轉化。

　　自從西元二十世紀後，引領現代占星學發展的占星家，普遍受到通神學的影響，強調內在神性、探索靈魂，復加上榮格的深層心理學說──無意識原型論、人本主義心理學的人本中心、超個人心理學的尋找真我、靈性層次的超越，將占星學完全導向個性解說、模糊和不易辨識或體認的內在心理層面。Cecily和我常接到許多讀者詢問，搞不清占星學為什麼會分成古典占星學和現代心理占星學，兩者到底有何差異？為了釐清

這方面的疑惑，乃由我執筆撰寫〈百餘年來西洋占星學的發展演變概述〉添作附錄（見本書特別收錄），冀望讀者能瞭解古典占星學轉向現代心理占星學的歷史脈絡，並比較兩者差異，以收他山之石，可以爲錯之效。

　　Cecily勤讀古典占星名著，西元2012年5月赴美參加UAC全球占星會議，選擇參與戴克博士中世紀占星學座談會，而與之結下良好緣份。鑑於本書有助於想要瞭解古典占星基本觀念和內容，又不會有太大負擔的讀者，再加上國內幾乎沒有較持平討論古典占星學的入門書，故當他主動邀請Cecily詢問將本書翻成中文的可行性，她欣然答應，返台後即代爲接洽出版社，並著手進行翻譯。儘管這本原著內容不多，Cecily每字每句地琢磨，深怕弄擰了，遇有不解，即刻發信跟戴克博士遠距討論，務必要掌握原著精確意義。她不計時間、成本爲古典占星學盡心盡力，令人動容，慢工出細活，加上戴克博士的無比耐性與謙和地指導，終於使本書能夠出版與讀者見面，Cecily的辛苦付出，值得寫序推薦之。

推薦序
從古典占星的預測，
學到誠實與謙卑

華人占星學會會長　楊國正

　　西方古典占星雖然有將近兩千年的歷史，然而在西元十八世紀之後，因受到現代科學發達的影響，新的理性主義者不經考慮，便全盤否定了古典占星學的價值，使得古典占星傳承中斷，占星學經歷了長時間的沒落，直到西元十九世紀末才開始逐漸恢復活力。然而此時期的占星家，需要一種新的理性的形式，來表現占星的藝術，現代占星復甦的黎明，便出現從強調預測事件的占星活動，轉變為解釋心理個性的傾向。步入西元二十世紀之後，改變加速進行，現代西方的占星在強調新時代運動、自由意志、人本關懷、靜坐、靈修、輪迴、心理分析等多元化的思維活動中，陸續將新想法滲透進占星學，發展出一種不重視預測人生事件，轉而強調人性覺醒、心靈演化、意識進化、社會進化的新興占星學。現代占星的昌盛固然令人

興奮，然而回頭一望，有著兩千年歷史的古典占星仍舊未被知曉！傳統占星學依舊被誤解！

一直到西元1990年代，英國的卜問占星家奧利維亞・巴克萊（Olivia Barclay）重新發掘了十七世紀占星家威廉・里利（William Lilly）的著作，透過她的推廣，傳統占星學逐漸為現代占星家們所知悉。後來更有學者從傳統的古籍中，發掘塵封已久的論斷系統，為了恢復占星學的本質——預測人生現象，以及保留古典占星歷史內容的原貌而努力。最著名的當屬三位名字都叫羅伯特（Robert Zoller、Robert Hand、Robert Schmidt）的占星家所發起的「Project Hindsight」，他們翻譯、註釋希臘、中世紀時期的古代經典。而後羅伯特・左拉透過他三十年的經驗累積，開辦中世紀占星課程，持續教導古典預言占星學，他的研究與努力更於西元2002年獲得占星界軒轅十四獎（Regulus Award）的極高肯定，而本書的作者班傑明・戴克博士正是左拉的高徒！戴克博士獨立翻譯的中世紀占星家波那提的鉅著《天文書》十冊，更可以說是古典占星復甦中的扛鼎之作！

本書的中文譯者Cecily，十年前曾參加過我的現代占星學函授課程，後來又陸續著作《占星占心》與《卜卦全占星》，這些都是華文世界嚴肅占星書籍中的曙光之作，她對學問的追求與熱情，是令人肯定的。而我與戴克博士同樣受教於羅伯特・左拉，因此當Cecily來信邀請我為戴克博士的著作中譯

本撰寫推薦序文，我十分開心。除了因我與戴克博士有同門之誼、與Cecily又爲舊識之外，更令我開心的在於，古典占星透過戴克博士與Cecily的文字，在華人世界將更普爲人知，吾道不孤！

星盤是我們生命歷程的縮影，它可以告訴我們在人生哪個時期、哪個角落，值得我們駐足，或者要我們快跑離開。因爲星盤具有預測能力，如果星盤沒有預測能力，就無法顯示我們的生命歷程，無法解答我們的疑惑。星盤是具有預測能力的，而且這種能力只要透過正確的學習就可以反覆被驗證。

因此星盤解讀的學習，第一步就是學習預測，讓解讀者能夠正確地解讀天意。很多人在這個步驟就常走上冤枉路，天意沒解讀到，卻讀了太多自由意志、心靈成長、靈性、業力等等，非星盤要告訴你的天意。我在推廣古典占星的過程中，常常看到新進學員的迷惘，同時也得面對一般人對占星的誤解，有時這種誤解還是來自於從事這個活動的占星家們。他們普遍的疑惑都在於，如果占星的預測是準確的，那麼人們的命運是不是已經注定了？

我常舉古今人類的平均壽命來說明這個疑惑，古人的星盤與現代人的星盤並沒有太大的差異，然而古人的壽命不高，四十歲、五十歲可能是一般的平均壽命，所以人生七十古來稀。但現代人的平均壽命卻可高達七、八十歲，因此占星的解讀結果並非注定不變，從平均壽命的提高，我們可以知道人們

的自由意志在一定程度上提高了壽命。但是占星學其實是可以預測人們可能罹患的毛病，以及何時容易有健康上的問題。占星預測的價值在於不需透過現代科學的儀器，卻常常能直接告知我們健康上的危機。

占星預測並非否定人類對命運的控制，換個正面的角度來看，占星預測可以幫助人類增加對命運的控制力！以前面的例子來看，如果我們事先知道自己身體的弱處、可能發生疾病的年份，就可以預先透過現代科學幫助我們照顧身體，而非在事先一無所知的情況下，獨自面對疾病。

由此可知，部分的人（有時還是占星家自己！）常把預測型態的古典占星學，看成抹煞了人類選擇的能力、要求人們屈服於命運、否定自我靈性等等，這類見解明顯扭曲且誤解了古典占星。古典占星只是一種工具，這個工具與個人的選擇無關：你可以事先知道自己身體的弱處，然後一樣率性地（或者任性地）選擇繼續抽菸、酗酒、熬夜，這是你的選擇，跟占星預測無關。同樣地，自我靈性的覺醒就是自我靈性的覺醒，不必要也不必然與占星預測有關，預測不會阻礙靈性的發展，相反地，自古以來的先覺先知者，往往具有凡人沒有的預測能力！在覺知者身上，預測能力何嘗阻礙了祂們？

古典占星的解讀是以理性的態度，試圖瞭解生命底層的運作模式。我們的靈魂一直都知道祂的去處，但我們的心蒙蔽了，無法客觀清楚地看到生命的樣貌。透過星盤預測，讓我們

重新開啓跟靈魂溝通的管道，換言之，預測並不是阻礙靈性的發展，而是將靈魂原本已有的能力重新找回來！水能載舟亦能覆舟，只要虛心且正確地看待古典占星，它會是一個良好的工具！但如果錯誤地誤解古典占星，將寶藏當成不值錢的垃圾，那就可惜了。

最後我引用戴克博士在《*Using Medieval Astrology*》電子書內的一段話：「（占星）知識幫助我們瞭解我是誰與我為何如此，……告訴我們極限，讓我們誠實與謙卑。」只要謙卑地學習古典占星，古典占星必回報誠實的命運。而戴克博士的這本書，正可以幫助我們謙卑地學習古典占星。

2013年10月 序於桃園

譯者導讀

進入古典占星的
細膩世界

韓琦瑩（Cecily Han）

　　多年來，西洋占星學的中譯書籍持續引進華文市場，卻一直未見到國際學術地位甚高的古典占星學中文譯著。我多年前開始研究古典占星，全依賴指導老師秦瑞生先生的翻譯資料，也在秦老師的推薦之下，接觸國際占星名家的作品，待我投入教學工作，爲了讓學生們接觸國際名家著作，便帶領學生一同組成讀書會，擇選適合的讀物，逐頁詳讀名家們的著作。因爲古典占星原文中專有名詞甚多，我在導讀過程中，不僅扮演占星老師的身分，同時也需逐一介紹英文專有名詞的中文翻譯，期望學生不只學習占星學的技術，也培養未來自行閱讀原文書籍的能力，甚至成爲投入翻譯工作的團隊，未來有機會能引進更多占星名家資料給華文讀者。

　　由於秦老師密切掌握國際占星著作的最新動態，我從而

得知班傑明・戴克博士於西元2007年翻譯出版中世紀占星名家
——古德・波那提的著作《天文書》的完整譯著，隨後他勤勉
地投入中世紀時期阿拉伯與拉丁文的古典文獻翻譯工作，持續
完成多部重要譯著，作品涵蓋古典占星學各項支派的學說，成
為當代占星學上相當多產的譯者，贏得國際占星學界的敬重，
是當代研究中世紀古典占星學領先傑出的學者與譯者。

　　結識戴克博士是一段奇妙的緣分，也印證我的占星盤在
A*C*G（Astro*Carto*Graphy）中所呈現的星象結構。西元2012
年5月的UAC（United Astrology Congress）占星年會選在爵士
樂之都——紐奧良舉行，我查看自己的A*C*G恰好見到北交點
DSC行星線（註1），與太陽／月亮的Paran線（註2）交會於此，似
乎預言我將會在此處遇見前世的善緣，成為生命重要影響力的
人事物，我便懷抱著這份期待隻身前往紐奧良。UAC安排不同
占星主軸的眾多演講，我在出發前就已將戴克博士的演講列為
必選課程，尤其他在《波斯本命占星III》（*Persian Nativities*）
書中提到界主星的配置法（註3），是我相當想深入研究，卻一直
有瓶頸難以突破的部分，他在UAC的兩場演講恰好皆會講述此
方法，我也已經列好一串相關問題欲當面請教他。

註1：以北交點落在全球各地區之DSC位置所連成的行星線。
註2：以ASC／DSC與MC／IC行星線的交會點，橫向畫出平行於赤緯的直線，稱為Paran線。
註3：詳見本書附錄——詞彙表：配置法（Distribution）。

　　UAC會議的倒數第三天，我在一樓大廳等候擁擠的電梯時，見到一個熟悉的面孔帶著行李在櫃檯辦理入住，我既興奮又狐疑是否為戴克博士？過去我一直持續訂購他的書籍，但因為國際包裹延遲送達，經常跟戴克博士通信詢問，我想他或許對這位遠在台灣的讀者有些印象。我主動趨前拿出名牌向他打招呼，記性頗好的他果然記得我，便回應我的招呼，我們站在大廳等待的電梯，彷彿呼應我的期待而遲遲下不來，真是天賜良機，我趁機找出更多話題與他閒聊。隨後兩天，我參與了他的兩場演講，演講結束後，我立刻趨前請教問題，當他看見我的筆記本上整頁列滿問題時，便請我在旁稍後，待他回答完畢其他聽眾，再專心與我單獨討論這些問題。兩次演講會後晤談，他不僅回答我所有的疑問，甚至貼心地分享他自己從象限宮位制轉換至整個星座宮位制（本書第九章〈宮位〉有詳細的說明）的心路歷程，戴克博士沒有遙不可及的專業權威距離，而像是溫暖寬厚的師長在提攜後進，令我驚喜的是，他竟主動邀請我擔任本書的譯者，因而促成本書中譯本的誕生。

　　本書為第一本西方古典占星作家的中文譯本，是戴克博士彙集多年來研究古典文獻之學養，為古典占星的初學者，以簡單明瞭的字義，具體描繪古典占星的歷史、概念、判讀星盤的法則、流年預測方法，更特別之處在於，他以本身哲學博士的學養背景，辯證古典占星的哲學觀點，甚至提供占星師進行諮商之觀點，讓初學者不再因為古典占星學艱澀的名詞字彙，望

文卻步，並且在進入此殿堂後，獲知更多古典占星的實證技術
與學習樂趣。

　　本書分為三大部分，第一部主要討論古典占星的發展歷
史，並介紹必須認識的重要占星名家（第一章），以及古典占
星與現代占星的概念差異（第三章、第四章），與古典哲學價
值觀（第二章、第五章）。第二部進入古典占星的主要判斷內
容與法則，涵蓋行星（第六章）、星座（第七章）、尊貴力量
的應用（第八章）、宮位（第九章）、相位（第十章）、特殊
點（第十一章）、判斷法則（第十二章）、預測方法（第十三
章），以及簡單的案例分析（第十四章）。

　　第三個部分為豐富的附錄資料。戴克博士將本書定位為
初學者進入古典占星學的第一本書，因此，他在本書的附錄
中，推薦了許多延伸閱讀與資料豐富的連結網址，以及推薦書
單，他也附註說明書本內容、哪幾本適合初學者。附錄中更有
篇幅甚多的詞彙表，係來自他的另一本譯著《古典占星介紹》
（*Introductions to Traditional Astrology*），逐一列出古典詞彙的
意義與延伸閱讀的頁次，讓有心深入研究之讀者，可以循序漸
進地持續閱讀。

　　我以多年職業占星師的背景翻譯此書，對戴克博士的研
究更是讚佩與敬重，本書雖定位給初學者閱讀，實際上是更適
合給具有現代占星學背景、或甚至已是現代心理占星師的讀者
們研讀的一本重要讀物，他在書中澄清許多現代占星執業者對

於古典占星的誤解，例如對於古典占星的吉凶好壞判斷的排拒（見第四章〈吉凶好壞：古典占星的價值觀〉），因此他就宿命論與自由意志等哲學觀點，提出精彩的辯證（見第二章〈哲學思想學派〉、第五章〈幸福與占星諮商〉、第十五章〈古典占星的常見問題〉），也讓現代讀者理解古典占星實質具有理性思擇命運的價值觀點，能使現代占星讀者不再對古典占星存疑，並且可選擇不同的哲學觀點，給予不同個案的諮商方向。作者也在第二部內容中，多次以古典占星學與現代在解讀星盤的差異點上，逐一詮釋古典占星學的法則，讓現代讀者瞭解古典細膩的判斷技術。

　　現代與古典最常見的差異就在於主客觀的詮釋（見第三章〈星盤是我們想法的投射嗎？〉），古典占星將星盤視為個人與身處的外在客觀環境之交互關係，而現代占星將星盤的徵象視為個人認知想法顯現的心理狀態，這兩者的差異對星盤的判斷會有甚大的落差。我們的完整生命係由個人主觀性格、認知價值判斷，與客觀環境狀態的生活經驗所交織而成，星盤的判讀結構也是如此，因此，古典法則可以從星盤判斷出一個具有正向性格的人（主觀性格），堅韌地面對逆流挫折的生活經驗（客觀環境）；如果星盤的徵象全都是個人主觀的認知意念，前述所有挫敗的人生經驗，全都成了個人負面心理認知與想法投射的結果，這種詮釋會大大背離真實的生活經驗。

　　另一個常見的差異，就是生命經驗中的吉凶好壞之界定。

古典占星的判斷，係以普世價值觀所認知的好與壞、吉與凶去分析：有錢或不有錢？有社會地位或沒有社會地位？有美滿的婚姻或是傷痕累累的關係？體魄強健或受病痛折磨？這樣的分析也符合我們的生活經驗，每個人獨特的人生樣貌，就是透過這些外在好與壞的生活經驗建構而來，占星師只是客觀地判斷出這些徵象。

　　作者先以亞里斯多德的哲學觀說明普世價值觀的好壞經驗，再以斯多葛哲學觀提出選擇性的價值觀。在斯多葛的觀點下，前述普世的認知就未必是絕對的好與壞了，更進一步，我們因此能轉換價值觀，去擁抱生命中的不圓滿，將生命的挫敗挑戰視為滋潤生命的養分。許多現代占星師將判斷星盤的吉凶好壞視為宿命論、缺乏正向能量與信念，因而排拒古典占星細膩的吉凶分析，將所有徵象都視為正向樂觀的愛與光的自我覺知；但占星師如果連星盤中普世價值的好壞之處都難以清晰判別，又該如何正確判斷出個案生命的陷落處，進而建議個案覺醒擁抱、接納生命呢？

　　現代與古典在判斷技術面最常見的差異，就是行運的推算預測（見第十三章〈預測方法〉），現代占星首要步驟就是觀察過運（Transit）與本命盤的行星形成相位時，便立下判斷；相反地，古典占星正常的判斷步驟，卻是最後才考慮過運。古典占星的推運係以不同期間的時間主星（Time Lord），推估此期間形成的主要關鍵事項，再以過運與本命行星形成相位時

刻，去判斷事件時間與運程起伏。但作者也強調，具有現代占星背景的讀者，進入學習古典占星時，不用擔心是否需要將過去所學的內容完全拋掉，你所要學習的僅是改變判斷的重點與順序而已。

對於已有古典占星背景的讀者，作者提出更多經過考證而澄清的觀點，本書也將使古典占星學習者更有所獲。例如在中世紀時期，拉丁譯者翻譯阿拉伯作品時，許多占星術語因為不同譯者的譯筆，出現繁簡之差別，廣為流行的是較為簡單的譯筆，卻跟原意失真，這個狀況至今仍影響現代對古典占星文獻的理解、解釋與傳承（見第一章〈古典占星的歷史〉）；近代占星發展歷史上，導致十七世紀末期占星學發展衰退之原因，多數的認知是因現代科學的興起，占星學的神祕色彩終不敵理性主義抬頭而衰退，但實則不全然如此，作者在此提出當時文化背景等不同面向的原因。

再者，當我開始學習古典占星時，主要以威廉‧里利的資料為主，因為文藝復興時期的占星家多以象限宮位制做判斷，且以為希臘時期以整個星座判斷宮位與相位制，係因為當時的天文數學計算無法精確所致，但戴克博士在本書提出他與許多古典占星師考證的結果，而有不同的見解，例如：象限宮位制與整個星座宮位制之差異（見第九章〈宮位〉），他教導讀者以整個星座宮位制決定人生領域的判斷，以象限宮位制作為行星落於始宮、續宮、果宮的活躍度之分析，以此兩者合併之整

合方法，將會得到不同的結論，例如：落在整個星座宮位制的事業宮（第十宮）的太陽，應有主導事業的領導能力，但如果此太陽落在象限宮位制的第九宮，是為不活躍的果宮位，則會成為低調謙遜的主事者。

我逐漸以此方式做實證，確實得到令人驚喜的結果，只是過去習以象限宮位制的讀者，在試圖轉換宮位制的習慣時，確實會經歷如作者所說的「錯亂與驚惶」的過程（作者在紐奧良演講會後，就曾經與我分享他經歷的可怕過程，而我也正在經歷當中）。

另一項重要的古典技術，在於宮主星與主管宮位的相位關係（見第十章〈相位與不合意：注視與盲點〉），亦即須觀察所有各宮位的宮主星與主管宮位的相位關係，特別要留意是否出現不合意的狀況，也就是宮主星落在主管宮位起算之二、六、八、十二之宮位位置（皆以整個星座宮位制做判斷）。作者引述古典文獻說明有相位與不合意的意義為：

「行星能與主管宮位形成相位，代表它能保護這個宮位，能供給、並有能力完成此宮位所象徵的事物；再者，此關係也代表此宮位回饋予主星的支持；當主星是不合意的，主星與宮位都會處於危險與禍害之中，因為主星會變得衰弱，因其與主管位置的連結被切斷了。」（P.147）

因此，作者以許多形容詞詮釋不合意的狀況：

「未知的、受忽視的、碰觸不到的、得不到的——以心

理學的角度來說——它們是在無意識之中，或者拒絕接納。」
（P.143）

　　我的實證經驗中，最常見到命主星（主管第一宮的宮主星）落在命宮（第一宮）不合意的位置，形容此徵象，當事人多會出現「找不到自己的迷失、茫然」、「缺乏自我的認同」、「不接納自我」，其他各宮位也可以相似的形容去判斷。由這些形容詞，是否發現其實古典占星相當刻畫了現代心理徵象呢？

　　另外，我以華文讀者的角度去思考，戴克博士個人在占星學上的貢獻，本書中並未被提及，而華文讀者對作者仍相當陌生，因此我徵求作者的同意，在本書後收錄一篇由占星師——妮娜・葛瑞芬（Nina Gryphon）與作者之訪談，透過另一位專業古典占星師的角度，勾勒出作者埋首書卷翻譯的身影，這篇訪談同時也呼應了作者在本書所提出的概念之下，更完整的思路歷程。

　　最後，感謝華文古典占星兩大權威學者——秦瑞生老師與楊國正老師為文作序推薦，為了讓華文占星學讀者更加瞭解西洋占星學於近代發展逐漸轉向心理占星，卻在二十世紀末期出現古典占星學復興運動而重振的歷程，秦老師特別考證撰寫〈百餘年來西洋占星學的發展演變概述〉，列為本書的特別收錄，讓讀者深入瞭解近代占星學史上的發展歷程。

　　還有更多精彩的內容，期待讀者自行於本書中挖掘，我相

信這本占星書籍，對於想深入研究占星學的讀者，絕對是必須
收藏的好書。

前言
古老的占星學

　　如果你醉心於占星學，你可能已經注意到最近「古典」占星風潮的復興。像是聽到朋友談起，或者下載了一場演講內容；又或者在網路上、書店裡，閱讀到我所翻譯的資料或其他作者的書籍。這些占星學的接觸，是否讓你對古典占星產生興趣？是否想進一步學習更多古典占星的知識，卻不知從何開始？也許你已經接觸過一些古怪的阿拉伯名詞、宿命論、末日說等等說法，因而想打退堂鼓？或許你懷疑一千五百多年前的東西，怎麼能適用於科技發達、生活型態日新月異的現代？你可能會問，我們早已進化成長，哪裡還需要這些老舊的東西來指點迷津呢？

　　這麼多疑問背後的真相是，已經有愈來愈多人，轉向研究、探索古典占星的領域了。

如果你是想持續探索占星知識的現代占星學學生，或是專業的占星師，這本書都非常適合你閱讀。你可以先檢視一下，你是否：

◎希望在花費時間與金錢去上課前，先有一本古典占星的概要書籍可以參考？

◎期望能應用古典占星技巧，提升解讀星盤的能力？

◎想要瞭解如何回應一般人對古典占星的質疑？

◎正在尋找一本包含古典占星基本架構、專有名詞、歷史，以及史上占星名家及其著作的快速指南？

◎需要一本最新、最好的古典占星參考書？

這本書就是為了滿足以上所有的需求。

古典占星，是一個有生命力、具實用性的占星知識，透過許多有意思的預測技巧與專業的占星術語，能幫助你建構更具體的推論說明，它也涵蓋許多你可能早已認同的精神與哲學觀。我無法在此書中介紹所有古典占星的內容，但我會解釋古典占星與現代占星的基本差異，你將會明白，從這個起點開始，持續往前走的方向何在。即使你並未打算成為古典占星師，你還是可以透過此書的觀點與技巧，增益占星學的應用。

我以本命占星為此書主軸，但書中所提出的內容，都可應用在卜卦占星、事件盤、擇日占星與時事占星。在第一部裡，我會介紹古典占星史的重要時期，以及多位你「必須認識」的

占星名家，然後我會說明古典占星對於生命觀、價值觀的思維，以及對諮商方法的建議。

在第二部中，將會進一步介紹古典占星專有名詞、古典占星的技巧，以及古典與現代占星的差異，但我會一直從「應用觀點」的角度，來說明上述內容。之後，我會整理古典占星常見的疑問與質疑，並做回應、說明。最後的附錄與詞彙表，則提供其他有價值的資訊及資料來源。

我想在此說明一件非常重要的事：許多人存有一些誤解，認為接受我之後將介紹的古典占星，代表必須**放棄**過去所學的占星方法；誤解為現代占星相對於古典占星來說，代表著一大串的「錯誤」。實際上，現代與古典占星的應用方法有許多重疊之處，而且許多當代的古典占星家，也會使用外行星甚至小行星。所以，應用古典方法的要點在於——改變判斷重點與優先順序，而非丟棄過去所學。我發現有時候與現代占星的朋友聊天，剛開始並有沒太多共通點，幾分鐘之後，我們就會開始在許多觀點上都有共識。不過長久以來，彼此的領域一直存有許多爭論與對話，因此，首先應該要先克服這些刻板的對立成見，我希望能透過這本書改變這種情況。

如果為現代占星列出一些基本概念，大概不外乎以下內容：相信自由意志的影響力、正向思考、有能力創造更高層次的自我實現、以建設性的面向去找出星盤所呈現的機會與其他人生選項。實際上，我並不覺得這些內容有什麼嚴重的問題，

但是身為占星師，不能只會回答「什麼事情都有可能」。如果占星師表示：「無論何時，任何事都是有可能發生的，只在於你是否相信它會發生。」這樣的主張就是錯誤的。當然，即使是現代占星家，在解讀星盤時也未必能如此深入，因為占星師本身在一些價值觀上也缺乏真實體會。許多現代占星師後來發現，自己可能在為一些極端的觀點背書，因為他們也不知道原來還有其他選項。

　　古典占星並非與現代占星皆持相反的立場，只是強調的重點不同，我把古典占星的概念與價值觀羅列如下，並分為兩大主軸：

一、古典占星具有更多是非、**精神價值與概念**，並涵蓋以下的
　　觀點：

　　A. **同情**人類存在的狀態。我們其實活在一個無法全然掌
　　　　控，或無法全然理解的世界中，某些人的不幸經常是自
　　　　己造成的，再者，由於自我否認、不實際的期盼等自我
　　　　防衛機制，更加強了這些不幸。

　　B. 培養**耐心**。這種正面思維，表示我們能理解自己的目
　　　　標，必須透過周圍事物流動的狀態來配合；我們也無法
　　　　立即得到所有想要的事物，必須取決於好時機的到來
　　　　（例如擇日占星，或是從本命所預測的機運時間）。

　　C. 務實地**抉擇**。這與不受宿命決定的自由意志不同。我們
　　　　都有難以改變與違逆的自我特質，生命是由已確定的限

制與不確定的選擇所交織而成的結果——極少數是絕對的好或是絕對的壞。

D. 建設性地**經營自我**。這不同於完全由自己創造命運,或完全任由命運發展擺佈。我們都有與生俱來的天賦與優勢,也有與生俱來的缺點與瑕疵,透過占星師的詮釋與預測優缺點等狀況,幫助我們理解世俗層面的優勢,以及心靈成長之路,才能據此經營自我。我會在之後的章節討論上述的觀點。

二、古典占星奠基在嚴謹、有系統的判斷法則上,它能訓練我們思考與判斷,才能詮釋重要的徵象以及預測。這點我會在第十二與十三章討論。

古典占星最顯著的貢獻,是奠定了其他學科的基礎。從哲學及心理學來看,古典占星勾勒出廣博的思想體系,更勝於現代的體系;在道德價值上,古典占星承擔更大的責任,在人類生活的發展上給予更具體的建議。相較於現代認知——我們擁有絕對自由意志——的看法,古典占星提供更為務實的人生選項以及生命的自由度。

若重新認識「氣質衡量」(temperaments,譯註:古典占星與醫學中的體液質——分為多血、黏液、膽汁、憂鬱等四質)的理論,會發現這個方法的重要價值。現代心理占星家已經應用了一部分的內容,而且它還能應用於草藥植物及整體

醫療。以魔法或是靈性鍛鍊領域的角度來看，從古老占星資料中，我們會從其中發現新柏拉圖哲學派（Neoplatonic），或是其他超自然的方法。但這些方法都不只是單純的星盤解讀，反而是強調靈性鍛鍊的實踐，進而連結到更高層次的精神本體。這些實踐的方法，能讓我們超越心理與有形身體，進而與宇宙大我的意識（Divine Mind）合一。囿於篇幅，我不在此討論這部分的細節，但是在古典占星復興運動持續發展之下，將來我們都有機會學習這項引人入勝的方法。

圖1：行星與南北交點符號

♄	土星
♃	木星
♂	火星
☉	太陽
♀	金星
☿	水星
☽	月亮
☊	北交點
☋	南交點

圖2：星座符號

♈	牡羊座	♎	天秤座
♉	金牛座	♏	天蠍座
♊	雙子座	♐	射手座
♋	巨蟹座	♑	摩羯座
♌	獅子座	♒	水瓶座
♍	處女座	♓	雙魚座

HISTORY
IDEA
VALUES

part 1

歷史。觀念。價值觀。

01
古典占星
的歷史

　　占星師總是喜歡說，我們所做的事情有多古老、源遠流長，但是很多人卻不瞭解，這項超過兩千年的學問，究竟涵蓋了多少的應用內容、有哪些重要人物。不用擔心，我並沒有要拿出一大堆歷史人物與日期資料，將你淹沒於其中，有興趣深入瞭解的讀者，可自行於本書後的附錄A中查閱相關資訊。在這一章裡，我僅以簡單的概論介紹重要的歷史時期，以及「必須認識」的重要占星名家，讓你對於古典占星的傳承有基本的概念。

　　以我來看，古典占星的發展起點，大約是自西元前一世紀的地中海地區，一直到十七世紀的英國及歐陸，首先是以希臘文記載資料文獻，之後流傳至英文與拉丁文區（在浩瀚的歷史裡，很難確切定義「起始與終止」的確實日期與人物）。不

過我在此所定義的占星學，是開始於以天宮圖為分析架構的占星學，也就是以上升位置繪製天宮圖的占星學（相較於以預言為主要內容的占星學而言）。這個定義之下的占星學，就是你我正在使用的，完整涵蓋了行星、尊貴力量、星座、宮位、相位等，以及許多你已經知道的預測方法。在此我不討論古巴比倫或是前希臘埃及時期的內容（這些內容與歷史仍有爭議）。

希臘時期（西元前一世紀～西元六世紀）

　　歷史上第一個占星學時期始於希臘羅馬地區，特別是在埃及的亞力山大城。在西元前330年，亞歷山大大帝征戰埃及與中東地區（他甚至遠征至印度），當時以天宮圖判斷本命的占星學就已經存在了。但是直到西元前一世紀時期，埃及、巴比倫、波斯的占星內容才被融合，並進化成為我們現在所熟知的完整占星架構：星座、宮位、行星、行星定位星座、相位、眾多的預測方法、特殊點（或稱「阿拉伯點」）、吉凶行星的區分、白天夜間行星的區分等等。因為亞歷山大大帝的征戰過程，統合了這些地區的希臘語系與文化，也統合了各地區廣泛使用的各種占星學方法。

　　埃及的亞力山大城以及此地著名的圖書館，在當時確實是占星世界的中心，這裡出現了兩位最著名的古典占星作家：克勞帝爾斯・托勒密（Claudius Ptolemy）與維替斯・瓦

倫思（Vettius Valens）（但是他們彼此並不認識對方）。在此時期，相傳還有一本知名的占星著作，是由古埃及法老王（Nechepso）以及一位祭司（Petosiris）所合著，且流傳至後世，幾世紀後的占星師都引用此文獻。但是很不幸地，這本書僅有少數的節錄資料被保存下來，因此，即使是古代的占星師也難以理解這些判斷方法。

　　西元前一世紀之前的內容，鮮少有詳細的紀錄可考證，這個時期雖發展出完整的占星架構，但也出現一些互相矛盾的內容，可能因為這些資料是歷經千年時間慢慢堆積而成，或者因為某些內容其實並未經過時間驗證。再者，古代占星師都會宣稱他們所擁有的占星資料，是由像是赫密斯（Hermes Trismegistus）等神話人物所著作，直到西元一世紀，還是不知道作者是誰。這個時期許多資料來源都佚失了，我們實在難以得知更詳細的資訊。

　　希臘占星學在希臘羅馬地區非常盛行，它很容易與許多神祕色彩的宗教或是哲學、多種魔法融合在一起，例如：諾斯替教派（Gnosticism）、柏拉圖學派（Platonism）、斯多葛學派（Stoicism）等（我會在第二章討論這些內容）。這時期的占星學是一項受人尊敬的科學性應用，占星學大多數內容是建構在天文科學的知識上，雖然天文數學能告訴我們天體如何運行，卻只有占星學能說明天體運行與人世間的關聯性。在此，我要澄清一個重要的迷思：很多人誤解希臘時期以整星座宮位制，

判斷宮位位置與相位關係（詳見第九章至第十章），是因為當時希臘的數學計算結果無法精準。事實上，中世紀與文藝復興時期的占星學家，還持續依據托勒密偉大的《天文學大成》（*Almagest*）等早期典籍，去改善星曆與天文的理論。托勒密的天文學能流傳後世甚久的時間，就是因為它的架構已經非常細緻，並且能推演出如此精確的結果。

　　自西元三至七世紀，希臘占星分為兩個發展情況，在羅馬帝國（以現在的君士坦丁堡為中心），占星學活躍的時代似乎逐漸式微，同時期卻是波斯薩珊王朝（Sassanid Persian Empire）壯盛的時代。波斯的統治者與學者除了自己研究占星學之外，還提倡將希臘占星典籍翻譯成為巴列維語（Pahlavi，一種古波斯文）。我們接著就來談波斯與阿拉伯時期。

你必須認識的重要占星名家：

★ **都勒斯**（Dorotheus of Sidon，西元一世紀）

他以詩詞的形式寫下本命與擇日占星的內容。他的著作通常名為《占星詩集》（*Carmen Astrologicum*），中世紀時期的波斯與阿拉伯占星作家，多引用都勒斯著作的內容，作為主要依據資料。

★ **維替斯・瓦倫思**（Vettius Valens，西元120年～175年）

瓦倫思來自亞力山大城，他著有《占星選集》（*Anthology*）。這本書共有九個篇幅，主要在闡述本命判斷，裡面有許多預

測技巧是其他資料中未曾見過的。

★克勞帝爾斯‧托勒密（Claudius Ptolemy，西元二世紀）

托勒密也來自亞力山大城，是一位多產的科學家，他最著名的作品就是《天文學大成》（主要闡述天文學理論與天文計算方程）以及《四書》（*Tetrabiblos*）（主要闡述本命占星學與時事占星學），托勒密的占星學在當時並非相當流行，直到拉丁時期中期，他的本命占星資料受到推崇，才廣爲人知。托勒密自己宣稱，他只是簡化並整理當時的古典占星，所以很多其他希臘占星典籍中可見的資料，並沒有出現在他的著作中（例如：特殊點〔Lots〕），在他的著作中僅使用幸運點〔Lot of Fortune〕）。

★安提歐切思（Antiochus of Athens，約爲西元二世紀）

安提歐切思的生平有些爭議，但是他定義了許多占星的結構（例如：圍攻〔besieging〕、入相位〔application〕等等），這些內容幾乎未曾出現在此時期的其他典籍中，使得他在占星史上具有非常重要的地位。

★菲爾米克斯‧馬提爾那斯（Firmicus Maternus，西元四世紀）

菲爾米克斯是一位律師也是學者，他所著的巨作《數學》（*Mathesis*）共有八本，是闡述本命占星學的作品。他最顯著的特色是以拉丁文撰寫，在此古老時代是相當罕見的。菲爾米克斯同時也保留了許多稀有或是現已遺失的資料。

★瑞托瑞爾斯（Rhetorius of Egypt，西元六或七世紀）

瑞托瑞爾斯著有一本重要的本命總論，整理自安提歐切思與其他多位作者的內容，對於之後的波斯與阿拉伯占星師，例如馬謝阿拉（Masha'allah）等影響甚深。

波斯薩珊王朝（西元226年～651年）

波斯薩珊王朝始於西元226年，直到西元651年被穆斯林軍隊征服爲止。不幸的是，在征伐的過程中，許多波斯占星的文獻也被毀損，所以我們並沒有太多波斯文的典籍資料，主要的文獻直到七世紀的晚期才出土。波斯與希臘文體的典籍有瓦倫思的《占星選集》、都勒斯的《占星詩集》以及其他作品。後來再出現的其他波斯、希臘的著作，則是流傳於哈蘭（Harran）等地，以阿拉伯文體保存下來。哈蘭是當時占星學、煉金術、魔法與哲學、禮拜星辰的中心。

我們對波斯占星學家的瞭解不太多，但其中有三位傑出學者值得一提。

布哲米赫（Buzurjmihr），他可能是西元六世紀薩珊的統治者──庫斯勞一世（Khusrau I）的一位大臣Buzurjmihr，或者可能是另一位把西洋棋從印度引進伊朗的Burjmihr（兩人爲同時期）。

札拉達斯特（Zaradusht、Zoroaster），他的年代應該早於西元六世紀之前，他所遺留的是以古波斯文撰寫的《本命占

星》（*Book of Nativities*）以及其他著作。《本命占星》這本
著作，是現存以阿拉伯文翻譯波斯占星的譯本中，最古老的一
本，雖然它至今仍尚未被翻譯成英文出版。

最後，有一個最傳奇的人物：札丹法魯克·阿拉恩達爾札
嘎（Zādānfarrūkh al-Andarzaghar），他所處的年代已不可考，
但是影響卻非常深遠。他似乎於當時負責傳授薩珊王朝的年運
預測系統 (註1)。在烏瑪·阿拉塔巴里（Umar al-Tabarī）所著的
《本命三書》（*Three Books of Nativities*）中，引用札丹法魯克
的三張星盤，其日期是在西元614至642年（接近薩珊王朝結束
的期間），因為這些星盤是用來說明預測年運的技巧，可據此
推知札丹法魯克的年代，可能為薩珊王朝最後數十年的期間。

阿拉伯時期（西元750年～950年）

以我看來，中世紀的占星學「正式」始於約西元750年，
為穆斯林在哈蘭創建阿拔斯王朝（'Abbasid dynasty）之際。
波斯占星家的精湛技術讓回教主阿拉曼蘇爾王（Caliph al-
Mansūr）占了大便宜。他雇用多位波斯以及一位印度占星師，

註1：許多預測系統在《亞里斯多德之書》（*Book of Aristotle*）第四冊，以及阿布·馬謝
（AbūMa'shar）的著作《本命的週期》（*On the Revolutions of Nativities*）皆有說明，
我目前已翻譯這兩本書，收錄在我出版的著作《波斯本命占星》（*Persian Nativities*）
（詳見附錄A）一書中。

爲了選用巴格達建都時間而繪製擇日盤（西元762年）。曼蘇爾王雇用波斯占星師的同時，他與他的核心圈也展開一項研究計畫，從他們征服的地區雇用譯者與學者，翻譯各項科學資料。因此，在七世紀的中期至後期，這些重要的波斯占星家，開始將著作翻譯成爲阿拉伯文。

占星學在波斯與阿拉伯時期，有一些非常重要的發展。首先，這個時期明確定義卜卦占星，且具體應用在以下兩方面：卜測來客的想法、針對來客的問題給予適切的答案。

在希臘時期，卜卦占星與其他占星方法是交疊在一起的，同時用來卜測客戶的想法、回答客戶問題（請見下一頁的作者補充），並繪製擇日盤。但是在波斯與阿拉伯時期，卜卦占星開始有明確的判斷方法，且有單獨著作，例如占星師會應用不同的方法去卜測客戶的想法（有時候也會直接以本命盤回答），然後回答客戶所提問的卜卦問題。

第二個貢獻是使用創新的時事占星技術。在希臘的著作中，時事占星的內容甚爲少見，僅有日月蝕點、預言以及氣象預測等資料，但是波斯占星家發展出一套行星會合的複雜理論，以此對照歷史上的重要期間，特別是土星與木星交會的週期時間。

在十六至十七世紀時，早期的現代占星家，也花了很長的時間應用這些方法，以瞭解他們周遭政治動盪的狀態。

這些貢獻使得占星家可以逐步擴展占星學的四個分支：

補充

很多人並不知道，從古代至中世紀這段很長的歷史中，占星師會進行來客想法推測。在中世紀時期，占星師會以兩種方式處理客戶的需求，這些方法實際上是從古希臘與印度時期流傳下來的。

第一種方法稱為「想法推測」，或是我所稱的「卜測」客戶的想法，也就是當客戶來找占星師時，客戶無需開口問問題，占星師就會繪製一張星盤來告訴客戶，他／她在想什麼。這個方法類似於現代的「顧問盤」（consultation chart），也就是以客戶會面時間所繪製的星盤，我在《心之追尋》（*The Search of the Heart*）這本書中，提到了很多相關方法以及歷史背景。在波斯時期甚或現代的印度，占星師會以此星盤去猜測客戶手中正握有什麼東西，可能是為了要讓客戶驚訝，同時也確認這張星盤與此客戶的相關性。

第二種方法才是一般的卜卦盤，也就是客戶先告知占星師問題，再以此問題時間起盤回答。

有時候，卜測盤僅是為了確認一個主題，如同客戶去算命，他可能同時擔憂好幾件事情，但是算命師（在此處是占星師）會選出一項客戶最應該瞭解的事情，一旦找到這個主題後，占星師會與客戶確認明確的問題，再以卜卦方法去回答它。

大多數的情況，可能一次就完成以下步驟：占星師繪製星盤、開始提及某些主題、據此確認星盤是否正確可判斷，也同時回答問題。上述內容，實際還是包含了兩個主軸：想法卜測、回答卜卦問題。

但是，直到文藝復興時期，來客想法卜測的應用已經完全消失了。

★**本命占星**（Nativities）：

包含本命與年運預測技術。

★**擇日占星**（Elections）：

為特別事項或為了避免某些事項，而選擇執行的時間，擇日占星涵蓋了「事件盤」的推演。

★**卜卦占星**（Questions）：

占星師以當事人向他提問的時刻來起盤，並據此分析問題（因此卜卦占星的英文——horary，代表時間的意思），判斷時會有兩項要點：卜測來客想法（使用相關的代表因子，包含預測結果）、針對問題給予明確的答案。

★**時事占星**（Mundane）：

此項目含括政治、歷史、氣象與大自然事件（包含災難）以及物價消長。

　　所以，占星學在這個時期的發展，一方面保存了希臘占星的內容，一方面將原有技術加以創新提升；從波斯占星家與其著作所主導的占星學，轉由阿拉伯承接，以其文字創造出豐碩與令人振奮的時期，持續時間約為二至三個世紀。之後，占星學的聖火再傳遞回西方世界的中世紀拉丁語區。

你必須認識的重要占星名家：

★**馬謝阿拉**（Māshā'allāh，西元740年～西元815年）

馬謝阿拉是一位波斯的猶太人，也是一位廣受敬重與多產

的占星家，他就是受聘於曼蘇爾王，選用巴格達建都擇日盤的其中一位占星師。他的著作僅有少部分以阿拉伯文保留下來，有許多資料反而是以拉丁文保存，現在多翻譯成英文流傳著。

★烏瑪‧阿拉塔巴里（'Umar al-Tabarī，卒於西元825年）

烏瑪是巴格達團隊中的另一位波斯成員，他最出名的是卜卦占星的著作，以及一小本關於本命占星的手冊。

★薩爾‧賓‧畢雪（Sahl bin Bishr，西元九世紀前期）

薩爾也是一位波斯猶太人，他曾在遠東地區的軍隊擔任多年軍職與資政顧問，相當熟悉占星前輩的著作，據此寫出五本非常受歡迎的作品，涵蓋基本法則、判斷技巧、擇日技巧、應期技巧以及卜卦技巧。影響中世紀占星名家古德‧波那提（Guido Bonatti）的關鍵之作就是薩爾的著作。

★阿拉‧欽迪（Al-Kindī，西元801～870年）

阿拉‧欽迪是這時期第一位阿拉伯血統的哲學家，他寫了許多以科學與占星為主軸的著作，其中最廣為人知的成就是他所著作的《四十章》（*The Forty Chapters*）（內容為卜卦與擇日占星），以及他對氣象預測的理論，相傳阿布‧馬謝就是因為與他對談得到啟發，才開始研究占星。

★阿布‧馬謝（Abu Ma'shar，西元787年～886年）

阿布‧馬謝是史上最負盛名與權威的占星名家之一，著有許多影響深遠的作品。他流傳至拉丁時期最知名的著作為《占

星學全介紹》，以及集結大量時事占星研究的著作《宗教與朝代》（*On Religions and Dynasties*），這本書較爲耳熟的另一個名稱爲《大會合》（*On the Great Conjunctions*）。

中世紀拉丁時期（西元1100年～1400年）

自從西元十二世紀時，西班牙譯者開始翻譯阿拉伯時期的占星學、魔法、煉金術、數學與哲學等著作，中世紀歐洲的拉丁語區便廣泛地收集占星學資料。其中一位譯者約翰（John of Spain，或稱爲John of Seville），在西班牙的托萊多（Toledo）翻譯了一系列著作；另外一個重要的系列譯著，則來自於三個翻譯團隊——赫曼（Hermann of Carinthia）、羅伯特（Robert of Ketton）、雨果（Hugo of Santalla）。附帶說明，雨果是第一位將赫密斯的《煉金術翠玉碑》（*Emerald Tablet*）從阿拉伯文翻譯成拉丁文的人。至今仍常用的經典成語「天上如此，地上亦是」（as above, so below）就是引述自此書。

重要的是，因爲約翰的翻譯方式與其他譯者相當不同，對現代占星學造成重大的影響。約翰慣於逐字翻譯阿拉伯文，並以簡單、直接易懂的拉丁文書寫，他的拉丁文簡單到連初學者都很容易閱讀。但是雨果與其他譯者不喜歡阿拉伯文體，便以更爲工整（也更爲複雜）的拉丁文體書寫。結果，約翰的譯文廣爲風行，許多占星師都引用他的翻譯名詞，而雨果及其他譯

者的譯文則受到忽視。舉例來說，「旺宮」（exaltation）這個字彙就是直接來自約翰的譯名——「exaltatio」；但是雨果使用的是更爲精確的字彙：「*regnum*」（譯註：爲英文rule統治、royal皇家的意義），意思是「至高地位、王國」（supremacy、kingdom）。試想一下，我們習慣稱呼太陽落在牡羊座爲「旺宮」的位置，如果以「至高地位」這個譯名來取代原本的名稱，我們對太陽在牡羊座的感受就會很不同。因此，雨果與其他譯者的譯文受忽視的情況，不僅影響了後繼者對於阿拉伯時期的本命與卜卦占星重要文獻的理解度，更影響此後占星學的解釋與傳承。我最近開始翻譯雨果與相關譯者的譯著，讓現代讀者能有機會看到他們當時所做的貢獻（詳見附錄A與B）。

十三世紀時，占星學廣泛地受到軍政單位的支持與敬重，且將學術研究者奉爲意見權威，如聖·湯瑪士·阿奎那（St. Thomas Aquinas）及他的老師聖·亞伯特（St. Albert the Great）。接下來的幾個世紀，占星學成爲大學的主要科目，特別是在醫學院所。在此時期的著名人物有義大利占星家古德·波那提（Guido Bonatti，西元十三世紀）、佛列德瑞克王二世（Emperor Frederick II）的諮詢顧問麥可·史考特（Michael Scot，西元十二至十三世紀），以及坎姆帕那斯（Campanus，西元十三世紀），他所發明的宮位制至今仍被使用。

你必須認識的重要占星名家：

★約翰（John of Spain，西元十二世紀初期）

　　另一個常見的名稱為John of Seville，他是一位多產的阿拉伯文譯者，使用非常易懂的拉丁文體。後代許多占星師大多使用他的翻譯作為參考資料來源。

★雨果、赫曼、羅伯特（Hugo of Santalla、Hermann of Carinthia、Robert of Ketton，西元十二世紀早期至中期）

　　這三位譯者居住在西班牙北部與法國南部，共同合作翻譯，特別著重在約翰未翻譯的占星文獻上。他們的拉丁文體較為工整且不同，導致他們的譯著受到忽略與批評。我已經將他們的部分著作翻為英文了。

★亞伯拉罕・艾賓・依芝拉（Abraham ibn Ezra，西元十二世紀）

　　為猶太學者及詩人，大部分時間居住在西班牙，艾賓・依芝拉廣泛地涉獵阿拉伯文的作品，並依據占星的各項領域，書寫了許多短篇小品。

★古德・波那提（Guido Bonatti，西元十三世紀）

　　這位義大利占星家在當時名聲顯赫，特別著名的身分是軍事占星顧問，他的鉅作《天文書》，係彙整阿拉伯、希臘、拉丁等文獻精華的占星全書，使得本書成為中世紀最具代表性的典籍。

文藝復興時期與現代占星的前期（西元1400～1600年代）

這個時期有幾項重要的特色，除了傳承古老的應用法則，文藝復興時期與現代占星前期（註2）的占星家，還得面對同時期廣爲流行的其他方法——占星的心理魔法術與療癒、轉化觀點（reform）（抱持此觀點立場者，特別反對來自阿拉伯時期所發明的技術，或並非「自然」的技術），以及新科學的名詞與包裝。

其中，馬斯里歐・費斯諾（Marsilio Ficino，西元十五世紀）出版柏拉圖（Plato）與赫密特（Hermetic）的著作，並發展出占星魔法療癒的用法，強調行星與靈魂的關係——靈魂無法脫離占星盤（如同某些中世紀時期所主張的觀點），星辰之神係透過相位作爲祂的化身。費斯諾認爲，困在肉身之中的靈魂易有沮喪傾向以及心理疾病，特別需要療癒，這個觀點係採納柏拉圖（Platonic）與魔法的觀點，之後於第二章會有更多的討論。

爾後，占星的發展大略可分爲三個支派，但彼此仍有重疊之處：威廉・里利（William Lilly）等古典占星學家，對於近代療癒的理論沒有多大興趣，持續使用沒有太大變化的古典方法。另一方面，則出現了占星學的改革者，這些人對於普

註2：在此是以歷史的角度來定義。此時期約當文藝復興期間與之後，至科學革命的前期。

及的曆書提供不準驗的預測內容備感困擾，更因此擔憂占星學會被許多迷信行為所染汙，他們期望能融合天文學的新觀念，發展出更為精確的占星學，將他們認為阿拉伯時期不合邏輯的內容、不瞭解之處、看起來不「真實」或不「自然」之處，都予以排除。很不幸的，這些改革者對於占星學的歷史，並沒有真正的瞭解。我前面已經提到，波斯與阿拉伯的占星學家，完全傳承自希臘時期的占星學，並沒有增加新的概念與技術，然而，這些改革者任意地把這些內容排除在他們應用的主軸之外。這種改革潮流，成為二十世紀創新的現代占星學的部分核心內容，包括任意丟棄看起來古老不合時宜的方法。

最後，天文學家與新科學懷疑論者愈來愈忽視占星學，儘管他們仍然將行星的影響力應用在許多研究上，例如氣候等。有一部分的新唯物主義者與機械物理學者，雖然表面上與古亞里斯多德與新柏拉圖等學派（以及魔法術）並不相容，但這些人大多不會排斥占星學，他們反而認為，透過現代科學能改進占星學。這些人未必都是無神論者，他們多數信仰自由意志（自由意志原本是一種神學上的概念）與神，所以某方面來說，他們反而是承襲了占星學在中世紀的主流認知，關注占星學對於物理現象與有形身體（例如氣象、健康等）的影響，超過對靈魂的影響程度。我會在隨後第二章繼續討論這部分。

這時期的占星學，有以下的技術發展與貢獻：

首先，這時期發展出許多種象限宮位系統（quadrant-based

house system），這種宮位系統採用落在星座當中的位置，作爲宮位始點（例如雷格蒙塔納斯〔Regiomontanus〕以及普拉西德斯〔Placidus〕宮位制），進而取代了古老的整個星座宮位制。雖然我們知道有許多阿拉伯時期的占星師使用象限宮位制，但我們卻很難確定這些占星家的著作，實際上是根據哪一種宮位制（因爲當時仍有許多占星家註明使用整個星座宮位制）。但是，在此之後的時期，就可以確定占星家使用的都是新的象限宮位系統了。

　　占星家也大幅地將占星應用至醫療、體液氣質，與身體外型等判斷上，這些方法都可以在威廉・里利的《基督徒占星學》（*Christian Astrology*，或譯《基督教占星學》）（西元十七世紀）裡找到，實際上，當時醫學院的課程中，也都會包含占星學的判斷法則。

　　當然，數學的進步使得星曆表的推算更爲精準。現代數學與改革的立場，也帶來另一項創新的結果，就是發明了許多新的相位，例如：72度的相位（由某些天文占星家，例如克卜勒〔Kepler〕所推廣）。

你必須認識的重要占星名家：

★雷格蒙塔納斯（Regiomontanus，西元1436年～1476年）

　　原名爲約翰・繆勒（Johannes Müller，Regiomontanus爲其筆名），最廣爲人知的是以此筆名所命名的宮位制，與主限向

運法（primary directions），這些方法受到一些占星師，如威廉·里利與尚·巴普提斯特·莫林所喜愛並廣泛運用。

★尚·巴普提斯特·莫林（Jean-Baptiste Morin，西元1583年～1656年）

學識淵博的天文學家與數學家，他的著作《法國占星學》（*Astrologia Gallica*，*French Astrology*），在他死後，於1661年才出版。莫林最重要之處，是他謹慎清楚的教學風格，但是他常陷入與其他占星師的爭辯中，且完全不採用不夠自然或阿拉伯人所發明的古典技巧。

★威廉·里利（William Lilly，西元1602年～1681年）

英國占星家，里利是最早以英文書寫的占星作家之一，也是一位富盛名的卜卦占星大師，他的《基督徒占星學》仍然是非常重要的經典之作。

★普拉西德斯（Placidus de Tito，西元1603年～1668年）

普拉西德斯最廣為人知的，是他所開發的普拉西德斯宮位系統，此宮位制與他計算主限向運的方法有密切的關聯。

占星學的衰退時期（西元十七～十八世紀）

有許多原因造成占星學在十七世紀末期時開始衰退，但真正的原因都不是我們常聽到的說法。最常見的說法是因為占星學的預測不準驗，所以終究不敵帶著光環降臨的現代科學（特

別是天文學與醫學），但從兩個簡單的事實，就很容易知道前述說法並不眞實。

　首先，宗教界與經濟界的人士經常做出錯誤的預測，他們之中也受到不少質疑，但這些領域卻依然持續發展。再者，許多占星家同時也是科學家，有些甚至應用牛頓物理定律（以其「超距作用」〔action at a distance〕理論）支持占星學的論點，所以，科學家並非對占星學抱持異議態度。

　我認爲占星學的衰退有以下幾個原因，這些原因也彼此互有關聯（註3）：

（1）占星學的字彙與知識份子觀看世界現象的互通之處愈來愈少。舉例來說，占星學上的「宮位」或是「守護星」等字彙，無法在科學或是學術中找到可以適切類化、比擬的事物。占星家爲了擁抱現代，經常丟棄舊有的字彙，使得占星學的類化系統變得困難，一般人不易理解。

（2）雖然占星曆書在此時期相當流行，但是內容非常通俗且不實用（很像現代的太陽星座專欄），跟專業占星家的服務相去甚遠。

（3）相較於實際的改革創新，占星改革者更大的興趣在於，捨棄他們認爲古老的、「不自然的」，或阿拉伯人的發

註3：以下內容部分引用自尼可拉斯・坎普恩（Nicholas Campion）的觀點（見附錄A）。

明，導致占星學逐漸枯竭；他們也經常彼此競爭較勁，無法合作推廣占星學這門藝術，這種狀況在英國特別嚴重，這裡的占星師經常散發傳單，惡意攻擊彼此。

（4）現代進步與覺醒的迷思，促使人們排斥任何看起來「古老」的事物——占星學的狀況也是如此。

（5）宗教人士堅信占星學不適用於詮釋靈性，只適用在氣候或醫療的判斷，這種態度也阻礙了占星學在魔法與靈性的發展。

（6）非宗教人士（無論對占星學有無好感）傾向以唯物主義與機械理論看待世界，與占星學的世界觀不盡相同。

（7）最後，還有一些我稱之為有害的、與占星學無關的神學理論與思想體系。許多新教徒占星師常會出版恐嚇性的手冊，宣稱撒旦降臨。儘管有少數古人會以行星落在某些特定位置，就判定是世界末日，但這其實是缺乏實證性的說法。占星學的現象是重複循環的，波斯人研究時事占星，假設行星週期性的震盪，會引導出下一階段的循環；所以，早期的占星家並不會去推斷審判日（Judgement Day），當然也不會假定末日已經快要到來！因此，從占星學看歷史的發展軌跡，非常符合占星學週期循環的現象；但是宗教改革與啟蒙運動者（如同很多現代占星家），卻相信他們正進入一個歷史上的關鍵新紀元。這種觀點可分為世俗界與宗教界兩種版本：

以世俗界的認知，他們當時正進入一個最光明與理性的時代；但是，宗教界卻認爲當時正進入一個最黑暗與爭鬥的時代。因此，抱持這些觀點的占星家，把與占星學不相容的基督教末日說，移植到占星學上。另外，這兩種觀點都認爲，世界正在進入新紀元，本質上與重視實證的占星學完全不相容——如果我們只需要理性的唯物主義，那何必需要占星學的判斷；如果我們每年都一再預言從未發生過的末日，占星師就是在自取其辱。我必須強調，這兩種觀點其實是不同思想體系下的**假設**，並非是**已證明的事實**，而且，這些觀點與占星學並沒有**關聯**，也沒有助益；但是，占星學卻受兩者牽連，因而受到傷害。

古典占星復興時期（西元二十～二十一世紀）

實用占星學在進入二十世紀時，受到幾位關鍵人物，如亞倫‧里歐（Alan Leo）、馬克‧艾德蒙‧瓊斯（Marc Edmund Jones）的影響，或多或少有所改變，但也廣爲普及。因爲我主要談的是**古典**占星的復興，以我的觀點來看，這時期可分爲四個主要方向。

首先，在二十世紀初期，希臘的歐洲學者苦心進行一項不凡的新計畫。此計畫將希臘的占星文獻整理編目出版，這

項規模龐大且大量多元的文獻計畫稱為CCAG（Catalogue of Astrological Codices in Greek），當中的學者群為歷史學家與哲學家，卻不是占星學家；但是他們在出版時，允許占星家在第一時間接觸這些古典文獻。所產生的重要結果是，這項出版品成了所謂「（古籍的）校勘本」（critical editions）。校勘本是指一本書的內容，來自所有已知的手抄本與印刷本的資料，因此可假設是最源頭的版本（或是最接近源頭）。有些希臘時期校勘本的作者，都投入心血研究大量經典古籍，如瓦倫思的《占星選集》、托勒密的《四書》，以及海法依斯提歐（Hephaistio）的《占星效用》（*Apotelesmatics*）。之後，此世紀的史學家大衛·賓格瑞（David Pingree）透過阿拉伯文保存的版本，加上許多關於希臘時期的斷簡殘篇，出版了都勒斯的《占星詩集》校勘本。另外也有其他作者創造了菲爾米克斯的拉丁文校勘本。

　　第二，因為英國占星家奧利維亞·巴克萊（Olivia Barclay）的推廣，占星家們在1985年重新印製《基督徒占星學》，透過威廉·里利的著作，讓大眾得以重新認識古典占星學。這項行動不僅把古典占星帶回到主流地位，更讓卜卦占星在現代世界裡，成為古典實用占星的主要代名詞。

　　第三，因為巴克萊的推動以及其他發展，產生了許多具有影響力的老師（其中有許多是巴克萊的學生），例如：狄波拉·郝汀（Deborah Houlding）、約翰·佛洛里（John

Frawley）、蘇・沃德（Sue Ward）、芭芭拉・鄧（Barbara Dunn）。另一方面，羅伯特・左拉從西元1980年代早期即開始獨立研究，推廣中世紀本命占星（主要根據波那提的著作）。截至今日，許多人以古典占星師的身分從事專業研究，都是前述這些重要老師的學生（我就是左拉的學生）。

第四，爲數眾多的譯者將古典文獻翻譯成爲現代語言，這些人包含大衛・賓格瑞、查理斯・伯內特（Charles Burnett）、羅伯特・修密特（Robert Schmidt）、詹姆斯・霍登（James Holden）、梅拉・伊普斯登（Meira Epstein）、羅伯特・漢（Robert Hand）以及我自己。使得古典文獻的譯本數量在近幾年快速成長，也形成一個重要的現象。這些譯者不僅僅翻譯出版文獻，更進一步讓**古典的思維**，重新復活在現代思想之下。

現在，我們已透過歷史上不同的發展時期去觀察古典占星，接下來要看看占星在人生中呈現哪些典型的樣貌，以及占星學所扮演的角色。

0 2

哲學思想
學派

　　在前一章中，我提到了許多古典占星家嘗試復興古典的哲
學思想，但是並非所有古人或是占星師對於生命哲學以及占星
學，都抱持一致的觀點。以下我列出五種基本思想學派（我會
在之後的章節討論其中一些內容），但是請注意，無論從以前
到現在，大多數人所抱持的哲學觀，並非僅有以下單一學派的
觀點，而是經常涵蓋多種思想觀點。

亞里斯多德──托勒密學派（Aristotelian-Ptolemaic）

　　我會使用這個名稱，是因為這個方法簡略地刻劃了亞里斯
多德的物理觀，以及托勒密在《四書》中所提出的占星科學觀
點。這個學派的看法認為，是行星**促使**事件發生，它們是因果

定律的執行者。舉例來說，火星造成戰爭衝突，是因爲它產生過度的熱與乾，而戰爭衝突也具有相同的性質，因此占星學實質上就是物理學的一個分支，某種程度來說也是自然科學的一部分。那些會引用物理學的專有名詞，例如波動、力場等，或是認爲現代物理學概念可以用來驗證占星學的現代占星家，都採用這個學派的觀念。這個觀點最重要的概念，在於它認爲人類具有自由度與選擇的能力（這裡並非指不受宿命決定的自由意志概念），舉例來說，行星可能只決定了某個程度的趨勢，但是透過我們選擇的能力，可以改善或改變這個趨勢。但是，我們之所以具備選擇的智慧，其實也是透過行星形塑的人格特質與生命態度來展現，所以即使是我們自己所做的選擇，在某個程度上，仍然依附於行星的因果定律。

斯多葛學派（Stoic）

雖然很多人內心都抱持與這個學說有關的想法，卻未必清楚這些想法其實就屬於斯多葛學派。這個學說認爲，世界早已被主宰與決定——甚至連最微小的細節，也都被萬物之上的宇宙心智所主宰。因此，發生在我們周遭的事件並非由行星所創造，而是由自然方式所形成（透過自然現象與選擇等等），是宇宙心智建構了行星的徵象以類化萬物。

這種情況與醫學很類似，身體的症狀是導因於自然的過

程，而醫生能詮釋症狀的特徵，並做出適當的診斷與預測。從這個觀點來看，占星學是一種**詮釋與預測的科學**，並非物理學的一部分。這個學說也認為我們具有選擇的能力，但是從宇宙的觀點來看，所有萬物都是由因果決定，即便是我們所做的選擇也一樣。即使如此，從占星學探討上述決定性的內容，在詮釋上其實是有彈性空間的，舉例來說，即便行星類化某些事物，它也僅代表某個**類型**的事物——事物真正的細節並未就此完全確定。我會在第十五章再次說明這個觀點。

柏拉圖學說（Platonic）

這個學說涵蓋了許多其他學說的觀點。柏拉圖實際上並非占星家，但是他對占星學非常有興趣，而且他相信人類的道德良知與世俗生活，都應該奠基在宇宙星空中。靈魂的低階部分（感受、本能、身體），大多是由有形物質力量所主宰，而有形物質的力量又被星辰之神所支配，且在行星天體與人類世界之上，還有一個至高、神聖的精神本體。

我們的理性能力也可以管理前述的低階力量，但所用的方式不是限制或約束，而是與至高永恆的本體溝通和學習。在最高階的層次上，覺者可以透過占星學這項工具，通達上帝的智慧與永恆的本體，因為行星運行的瞬間變化，已完美勾勒出上帝的永恆思想（這部分接近於斯多葛學派）。另外，占星學

與其洞察力也能幫助覺知較低的人，透過占星學對高層精神本
體系統性的觀察結果，理解並管理自己在較低層世界的生活狀
態。據說，柏拉圖建議占星家應該去協助政治人物，以公正的
原則管理老百姓。再者，因為柏拉圖相信再生的觀念，也確信
是由行星的力量引導靈魂再生，有些思想內容其實相當接近現
代占星的觀點。

基督教思想（Christian）

　　第四種思想受到前面觀點的影響，也是西元一世紀至二
世紀所產生的新的神學發展，那就是不受宿命決定的「自由意
志」，自由意志可以解放習性，它由自我本質創造，能改變人
的人生方向。根據這個學說，人類的自由意志是上帝基本自由
意志的微弱反射影像，然而多數人無法自在地運作他們的自由
意志，即使他們自以為自由意志正在運作著。

　　我們身處於感官物欲的世界，常陷在罪惡感的泥沼中，有
時我們能向上帝學習運用自由意志的能力而得到幫助。自由意
志最高層次的狀態就是覺者，他們不像普通人受制於自然的
世界（占星學大部分描繪的就是這個世界），因為聖者與覺者
的選擇與行動就是自由意志的運作，所以他們不會被任何占星
盤所俘擄或定義，因此，占星學只能適用於像是氣候、健康，
以及普通人的生活行為。這樣的觀點也非常接近諾斯替教派

（Gnostic）的觀點，諾斯替教派認為由於多數人對至高本體的
無知，才會受制於邪惡的星辰統治者，但覺者在良知與精神已
獲得解脫，因為他們已經能通達到行星之上的領土。這個觀點
其實就是柏拉圖學說的概念。

魔法術（Magical）

　　這個學派的觀點來自許多不同的源頭，所以很難具體定
義，它包含了民間魔法與預言、柏拉圖主義、赫密斯主義等
等。以較「低層次」的形式來說，占星師採用吉祥的行星時
間、護身符、同類植物、寶石、音樂以及適當的咒語，與行星
的力量交互作用，以此創造一個好運、順利的環境。「高層
次」的形式則包含前述全部的應用，但是最後達成智慧、精神
的提升，形成良善正向的生活境界。在文藝復興時代，費斯諾
採用占星的魔法術，以重新驅動並平衡靈魂，所以他的占星魔
法肩負著心理與精神的改革任務，透過占星的儀式來達成目標
（我很驚訝許多現代占星師並未推廣這個方法）。這個思想是
較為「脫俗」的學說，而且並未真正包含或與正統占星教導有
關聯，欲應用者須透過其他魔法的教科書去學習這些技巧。

　　上述介紹了五種占星學的基本古典思想，你可能會發現，
現代占星在很多方面都受到這些觀點的影響。我想再提供另
一個出現於中世紀、且至今仍可見的占星學觀點，以此作為本

章的結論。在西元十三世紀，基督教的思想家發展出一套混合了自由意志與亞里斯多德——托勒密學派而成的觀點，簡單來說，它包含以下的看法：

（1）占星學具備了科學的定義，因為它使用的是經驗與理性的原則，並以累積的原理法則來解釋事物。

（2）因為它所研究的主題（就是行星）是最高位置的主題，因此它是一項最高等級的科學。

（3）行星是因果定律的執行者，它們的影響力造成了某種形態的事件。

（4）占星學具有自由度，自由意志因此有空間可以發揮作用。我們的部分行為與選擇，是來自於因果所帶來的生理與習性，這部分雖然可以透過占星學的分析判斷得知，但自由意志與尋求救贖的心念，卻不會受到有形的因果所支配，所以占星學無法解釋我們的天賦靈性。也就是說，占星學只能用來解釋氣候、身體，以及我們無法直接控制的大自然環境事件，或是某些人格與習性特質，但是它無法用來解釋我們的自由意志與尋求救贖的能力。

最後這一部分特別重要，因為我們至今仍認同這種觀點：只要你愈能以虔誠與讚頌主的態度面對人生，占星對於你的制約就愈小；具有高度自主能力及自由意志、和靈性連結的人，就不會受制於占星因果律所造成的身體疾病或天氣等事件。

但是覺知較低、不懂得運用自由意志、靈性層次較低的人，占星對他的作用就愈明顯。現代占星家也抱持著相同的**觀點**，只是將「**讚頌主**」、「**神聖**」這些名詞替換成「**覺知**」、「**提升**」。換言之，不同於以榮格或通神學為主而創新的現代占星學（譯註：詳見特別收錄〈百餘年來西洋占星學的發展演變概述〉），某些現代占星本質上是一種**無神論者的信仰**，來自於中世紀天主教學校，以及早期的占星作者，它的基礎就是不受命運制約、純粹的自由意志，只要人們持續相信自由意志之存在，這個觀點就會持續地與我們同行。

03

星盤是我們想法
的投射嗎？

　　在學習古典占星的過程中，我從一項重要的觀念中真正理解了古典占星，那就是分辨星盤中主觀性與客觀性的不同。明確來說，古典占星較為客觀，現代占星較為主觀。這個差異包含了許多面向，其中最主要的差別在於，現代占星認為，本命星盤是透過我們的思維、想法所顯現的一幅圖像；古典占星卻認為，本命星盤所描繪的是**環繞在我們周圍的世界，星盤中僅有某些部分代表我們的想法。**

　　我以兩個例子來說明。許多現代占星書籍詮釋第二宮代表「價值觀」，因此價值觀是一種透過思維而來的經驗，它涉及我們決定事物的價值。進一步來看，整張星盤其實全都在反映個人與良知價值判斷、我們會珍視的人事物，例如：金錢、親人、父母、子女、娛樂、伴侶關係、心靈提升、教育、成就與

名譽、朋友等等；或是我們認為負面的事物，如：被奴役、疾病、死亡、消沉與敵人等。我們在所有事物上，都冠以正面與負面的價值評斷，而所有的價值觀點，不會全部都由第二宮來判斷。倒不如說，這些價值判斷其實正反映了每個人各別的生命經驗，這些生活經驗多數不是我們自己所能控制與決定的，所以無法被簡化為我們腦中主觀的想法，它們其實是**客觀**存在的事實。

　　同樣的，再舉第十一宮為例。傳統上這個宮位是討論朋友與人際關係，但是並非僅是我們**對待朋友的態度**，而是朋友與人際關係的真實經驗。一般而言，每個人當然都會珍惜友誼，但是人們實際經驗的人際狀況，以及會認識結交的朋友，並非全然由他們自己的想法所決定。有些人因為個性好相處，而擁有關係持久的友誼；但有些好相處的人，卻有困難且不穩定的人際關係，這其實與當事人的個性並沒有直接關聯。再者，現代占星與古典占星最關鍵的差異就是：當我們詮釋一張星盤時，即使星盤所呈現的事件狀態，確實是經過當事人思考並決定的，但占星師不能因此假設星盤所呈現的人事物，全部都是當事人 (註4) 的想法所形成的結果（譯註：例如當事人與星盤中所呈現的對象結婚，即使這是當事人思考後，選擇並做出的決

註4：也就是這張星盤的當事人。

定，但是這個結婚對象的出現，實際上包含許多環境的客觀因素，不全然是因為當事人的主觀想法所形成的結果）。

當我開始學習卜卦占星時，我只有現代占星的基礎，我從書本讀到，卜卦盤經常會反映當事人的好壞感受以及期望，這個說法與我平常的假設是一致的，亦即整張星盤就是當事人想法的投射。但是當我解讀自己的卜卦盤，例如詢問「他是否愛我？」或是「我是否會得到這份工作？」等問題時，我發現自己無法分辨答案究竟為「是」或「不是」。因為我難以分辨星盤中所看到的「好」與「壞」的徵象，究竟是我的想法還是實際的結果。我會看著土星，然後狐疑地想：「它到底是代表我對感情的擔憂？還是代表他根本不愛我呢？」

解讀本命星盤時，同樣也會有這種疑惑。我曾經解讀一個親戚的星盤，我寫下了每個徵象：冥王星四分相月亮、金星在雙子座、天王星在第十一宮……等等，每個徵象之間的詮釋卻彼此矛盾，為何會如此呢？因為我將星盤中所有的徵象，以相同的比重全部用來詮釋性格。因此，我感到十分挫折，我當時認為應該是我在占星學上學習不足，但是後來即使我讀了更多現代占星的資料，仍然無法突破這個困境。

古典占星學的立論是，星盤中可見的徵象，大多數不是來自於我們的想法，它們是生命存在的一部分，我們會經歷這些人生的狀況，但這些人生經驗並非等同於自己的想法。第七宮是你會遇到的配偶與合作對象，但不是你對他們的認知；第

十一宮是你的朋友與友誼，卻也不是你對他們的認知；第二宮是你個人的資產，但不是你對資產的認知……等。因此，在我親戚的星盤中，那些被我當成是他**主觀**想法的星象，其實應該被詮釋為人生中**客觀**的人事物全貌。確實，在你的星盤中所有的行星狀態，代表你會有的人生經驗，而這些經驗是你與客觀世界交互作用而成的。因此在本命星盤中，並非每個行星所在的位置都與當事人的認知有關聯，不同的行星用來詮釋不同的人生領域，這些徵象間的矛盾狀況便就此降低了。所以，太陽在你的星盤中，未必跟你自己一定有關聯，因為太陽不一定代表你，如果它落在第九宮，太陽會代表旅行、外國人與心靈成長，但未必是你的內在想法與人格特質；金星也未必代表你，但是因為金星是愛與關係的徵象星，**當探討你對愛情與關係的態度時**，金星就會跟你對這方面的認知有關。否則，從金星所在宮位位置與主管宮位來看，金星可能代表你的姐妹、雙親或是疾病……等。

　　上述古典的方法，其實也較符合常理，使我們可以**客觀**地看待每個人**主觀**的生命。你是否曾經向朋友尋求一些建議呢？我們經常會請教朋友，判斷自己所做的事究竟是對還是錯──我們需要建言、一個外在的意見。在解讀星盤、與客戶諮商時也存在相同的狀況，我們會誠實地說出事情的好與壞，而對方（我們的朋友、諮商的客戶）經常存有不切實際的期待。事實上，最不用負責任的建議就是告訴朋友，他可以創造自己的未

來、事情無所謂對或錯、每個負面的事件都會帶來正面的意義與學習的契機。確實，我們都可以將負面的事情**轉變**為學習的機會，但是我們總得要先**認清**，哪些是世俗層面所認知的負面事物，才能給予客戶務實的建議。

一個明顯而奇特的結論是，**古典法則只有在採用古典思維時才會有效**。當我的老師左拉闡述這個觀點時，我當時相當難以理解——如果這些法則是有用的，為何會無效呢？事實上，如果我們不認為這些徵象是客觀地存在，特別是當我們認為，所有事物都存在於個人主觀的想法之中，就會忽略人們生活中各項重要、客觀存在的事件，也就不會去描繪這些事件，更無法精準地描繪人們主觀的反應。多數現代占星師常有這樣的真實經驗：當占星師判斷過運（transit）與推運（direction）時，他們看到的其實是人們生活中必然會遭遇的客觀事件與處境，但是多數占星師的**自我觀念**，卻難以允許自己將這些徵象判讀成為客觀的、我們無法完全控制的事件。這種詮釋方法是會造成問題的。如果我們假設星盤就是由我們的想法所形塑的圖象，因為自我的想法時刻伴隨著自己，所以若占星學判斷第十一宮有困難，這個困難就會是**永遠、每天**都存在於第十一宮內，因為這是當事人的想法；但是古典的方法卻認為，第十一宮的事件主題只有在某些特定的流年，才會被引發而出現，因為它本來就不是持續存在於你腦中的想法。我會在第十三章對此作更多說明。

　　我舉一個例子，我曾經遇到一個有著不太尋常星盤的個案。乍看時，以一般的判斷來說，狀況不太好，因為每個行星都在落陷（in detriment）的位置，另一方面來說，每個行星卻又與其他行星產生相位，並帶來容納（reception）的力量（註5），所以我告訴對方：「你的人生有種重複的徵象，儘管你能獲得一般成功的狀態（因為容納的狀況），但是事情總是難以長久持續，或者會遭逢很多變化（因為入陷的狀況）。」「是的。」他說：「我一直都有發現這種情況。我是一個自由工作者，而且相當成功，但是人生許多事情，似乎總是只能維持很短的時間，我一直懷疑自己到底出了什麼問題？」以古典的角度，我能給他幾種建議：更認真工作去克服變化與中斷的趨勢，或是擁抱它、視它為接觸不同事物的機會，讓生命充滿多元與豐富的體驗。但是他無需認為這是人格特質的問題，或是他的錯誤。

　　這些觀點會直接影響我們解讀星盤時所持的**客觀距離**（critical distantce），客觀距離指的是，降低我們主觀的成見與情感，而與星盤保持客觀距離的能力。客觀距離與應用解盤

註5：容納通常是指形成相位（是在容許度數內所形成的相位，而非僅以星座所成的相位）的兩行星，其中一個行星落在另一個行星的廟宮或旺宮位置，例如，如果火星落在處女座，且與水星（主管處女座）形成相位，火星就被水星容納，他的某些火星特質會較為溫和有禮。

的方法有關（詳見第十二章），但也與世俗價值觀點有關（詳
見第四章與第五章）。如果我們以主觀認知作為解盤的主要假
設，就會把自己的價值觀與見解，放入解讀過程中，以自我的
想法去連結星盤的想法，因為所有事物都存在於想法中。但這
樣的做法會帶來不切實際的期待，例如星盤呈現出困難的情
況，我們卻只想要給對方好消息，或是只討論潛能的開展，卻
不去指出不尋常的事物與困難。

　　占星師在以下情況，常很難保持客觀距離：即使處在很好
的狀態之下，解讀自己的星盤時，還是經常感到困難。當我們
在腦海中盤算的事物，成為星盤裡的徵象時，會自我警覺究竟
它屬於好事或是壞事，結果要不是高估好運降臨，就是過分擔
憂壞運臨頭，因為兩者都是短暫狀態，並非影響我們追求快樂
的絕對力量。

　　另一個例子是，當占星師解讀時事占星時，也常無法保持
客觀距離。占星師很容易在政治事件的判斷上，加入自己的政
治立場，當時事的判讀與占星師的政治立場相左時，客觀距離
就很難保持，所以占星師解讀時事事件的推論，通常都會反映
出自己的價值判斷。因此，前述古典占星的客觀立論，能使占
星師保有客觀距離，並適用於各種狀況的推論法則。

04

吉凶好壞：
古典占星的價值觀

對上帝來說，所有事物全是美好且公平的；但是對凡人而言，事物卻是好壞參半的。

——赫拉克里特斯

（Heraclitus，古希臘哲學家，540～480 BC，Fr. 85）

　　古典占星師解讀星盤，主要內容是判斷人生事項的好壞，或是以行星及其力量來判斷吉凶，這對許多現代人來說，不太能接受。當我們談到好與壞，背後其實有重要的價值判斷與哲學觀點：究竟怎麼樣的人生狀態，才真的算好或是壞？有沒有哪些狀況只是表面上的好壞而已？這些好與壞的生命事項，是否真的會影響我們獲得幸福的能力？占星師該如何將這些價值觀運用在諮商內容中？如果占星師無法釐清這些價值觀，就很

難與你想幫助的人建立起連結。

在這個章節裡，我將介紹兩種廣義的觀點，去界定人生的好壞。第一種是較爲「世俗」的角度──亞里斯多德學派；第二種是較爲「精神性」的角度──斯多葛學派。在第五章裡，我將會繼續討論如何在諮商中應用這些觀點。

1.運作良好的特質與行星的狀態

古典哲學家用了一些常見的方法，界定什麼狀態是好的，而且有些人認爲，好的特質**等同**於某些事物。以下是一般評價認爲是好的特質：

- 清楚明白的
- 有秩序的
- 有一致性的
- 專心的
- 生活平衡

請注意，上述特質並非從**道德角度**去評斷好的行爲標準。它們只是顯示了人生狀態是否**運作得當**，所以它們的相反詞，就是**運作不良**的狀態：含糊不清的、無秩序的、不一致的、心不在焉、不平衡。在此觀點之下，古典文獻也依據這些評價，

判斷行星是否處在好或壞的狀態，是否在力量強或弱的位置。
所以，當我們判讀星盤時，可以依此判斷行星的**運作好壞**，幫
助我們確認當事人或某件事，所呈現的狀態是具有持續性的、
順利的、有幫助的，或是不受控制的、極端的……等等。

　　以下的表格，以幾項行星典型的運作狀態，說明所對應的
好壞特質：

運作良好	運作不良
與ASC形成相位（Configured） 能溝通，具有管理能力，能被注意到	**與ASC的位置為不合意**（Aversion） 不受注意，或者缺乏溝通
在始宮（Angular）**與續宮**（Succeedent） 耀眼或有力	**在果宮**（Cadent） 卑微或無力
與吉星（Aspected by benefics）**形成相位** 能保持平衡，持續成長	**與凶星**（Aspected by malefics）**形成相位** 遭逢極端狀況
在廟宮（Domicile） 處於整合一體的狀態，具有主導與主控的位置	**在陷宮**（Detriment） 處在難以整合、格格不入的狀態
在旺宮（Exaltation） 在顯著的位置，且有自信	**在弱宮**（Fall） 低微、受忽視、逐漸消失
不受太陽焦傷（Free of the sun） 可以不受影響地運作、可以看得見	**受太陽焦傷**（Combustion） 被壓制、摧毀
在任何一種必然尊貴（In any dignity） 有歸屬感的位置，能夠運用自己的資源	**外來的**（Peregrine） 沒有歸屬感，必須依賴外來的資源
順行（Direct） 向前運行、持續性、開放	**逆行**（Retrograde） 反覆、繞遠路、隱藏動機

圖3：部分行星運作狀態

　　你可以把上述的概念想像成：每個行星都想把自己的工作做好，因此它們必須主管自己的宮位、要站出來讓自己受矚目、要有主導權與能力、在規畫好的行程上向前進……等。但是，如果行星運作不良，它就會受阻礙，多數的情況下，運作不良的位置會帶來一般認爲不好的事件（或者會阻礙好事件的發生），之後我會針對這個部分再繼續說明。我的重點是，這些行星的狀態反應了眞實人生經驗，在生活中，我們覺得好的狀態，就是當我們自覺有能力、受到矚目、被肯定，而且能持續往前進；反之，當我們生病、不被注意、受忽視、位置低微無力、沒有安全感、無法以自己想要的方式溝通表達，就會覺得生活有些不對勁。這些行星的運作狀態，就是在反映前述的人生經驗，我們應該欣然接受這些星象的字彙，因爲它能幫助我們理解星盤，且更爲貼切地形容我們的人生。

　　以下的分類提到吉星與凶星的觀念。吉星，指的是某些行星自然就能顯現以下特質——耐性、親切、樂於助人、平衡、成長、有趣、讓事情較爲輕鬆簡單。凶星則顯得較爲極端，顯現運作較爲困難的事情——障礙、衝力、不平衡或極端、負擔、讓事情變得認眞嚴肅、危險。當然，這些形容詞非常簡略與抽象，更進一步來看，一個凶星如果在良好的行星狀態下，可以運作得非常好，反而顯現出具有領導力、有優越的技能、具有權威；一個吉星在不好的行星狀態下，則會變得懶惰、反覆不定、膚淺……等等。這些星象字彙可以幫助我們從星盤的

徵象，類化成爲人生的狀態。

圖4：吉星與凶星

2.價值觀與宮位

　　另一個重要的判斷爲宮位的判讀。宮位的基本意義是描繪了我稱爲「一般普世」的價值觀，人們會在這些宮位得到一般所認知好事與壞事的經驗，也因此得到世俗所認知的幸福與不幸福的人生。

　　你可以看看以下的圖，它代表一般傳統的定義。如果我們從第一宮開始，以逆時鐘的方向依序往下看，會看到宮位內所代表的事物，是我們一般所認知、或好或壞的事項，例如：健康與人生、資產、家庭、娛樂、親密關係、靈性精神、名望、事業、朋友等。但是我們也同時看到有些宮位涵蓋一些世俗所認爲「不好的」或「有害的」事項，例如：被奴役與生病、爭論或鬥爭、死亡、恐懼、敵人、憂傷。這些宮位稱爲「與ASC（上升

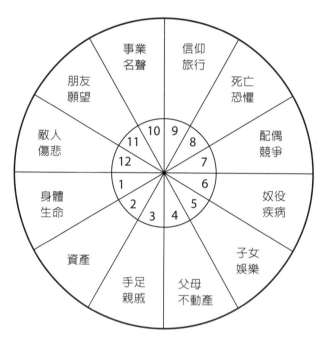

圖5：宮位的基本定義

星座）的關係為不合意的位置」，這部分我會於第十章再談。

我們詮釋宮位時，特別會以主管此宮位的宮主星，與落在此宮位內的行星，以及這些行星的運作狀態做判斷。我們會用以下的標準，去評估幸福或不幸福的結果：是否有凶星落在第五宮，或第五宮主星是否在運作不良的狀態下？這些徵象將顯示當事人的子女會有困難的情況——這就是一般稱為的凶象。是否有吉星落在第十一宮內、而且是在運作良好的狀態下？這些徵象則顯示世俗所喜歡的交友狀況——持續的友誼、結識優

秀的朋友……等。

　　這個方法也可以幫助我們瞭解人們一般的人生經驗。在此，我還沒提到預測的技巧，也還沒討論到處理困境時的諮商策略，但是占星師開始進行這些工作之前，必須先向當事人闡述一般好與壞的生活經驗，才能與人們建立起連結。許多現代占星師會試著避免去討論壞事（無論是運作不良的壞事，或是道德上的壞事）。但是我常遇到客戶其實很感謝占星師，能坦誠點出他們人生經驗中所有好與壞的各種面向；更常見的是，客戶對於自己的命運早已瞭然於胸，他們其實只是希望透過**占星**的角度，來證實這些生命經驗。

0 5

幸福與
占星諮商

古典占星家非常在意人們的幸福，但究竟幸福是什麼？在這一章裡，我會說明兩種重要的哲學觀對於幸福的定義，這些觀點將有助於現代占星師解讀星盤與幫助個案。這兩種哲學觀各有其對於人生好壞的看法，我並不想去比較哪一種觀點比較好，因為除了這兩種以外，還有其他的觀點可探究。

最重要的是，我們必須瞭解，雖然幸福包含了許多感受與情緒，但其實幸福不全然僅在於感受層面而已，幸福也是一種人們有能力達到的、豐富多彩的狀態：做對的事與過好的生活。但是何謂好的生活？何謂好、何謂壞的狀態？幸福的人應該具有何種情感感受？下面要介紹的這兩種哲學觀點，對這些問題有不同的看法。我們可能擁有很多外在物質或一般世俗的好事，例如：財富與子女，但是要真正過得幸福，其實需要良

好的特質狀態，也就是生活在這個社會裡，必須擁有某些心理上的人格特質與能力。我將會在後面更進一步說明這一點。

幸福型態1：亞里斯多德學派與普世價值的好事

亞里斯多德的價值觀點，非常適用於星盤徵象的判斷。我在前一章說過，宮位建構了一個普世認知的好事與壞事的地圖，例如財富與奴役。亞里斯多德相信，我們必須得到愈多好事，減少壞事出現，這樣就會愈快樂。而好、壞事的區分，是以一般性的理解來判斷，無家可歸、匿名生活、生病的人，這些人比起具有基本財富、社會位階與健康的人，就過得比較不快樂（或是**沒有能力**過得快樂）。但是亞里斯多德也認為，我們對於是否能擁有、或是想要避免的事物，並沒有完全的主控權——我們還是受制於生命的機會或是命運（詳見第十一章），這就是為何當多數人盡可能地學習技能、期盼正向機會的同時，是否能擁有良好的教育、具備正向人格特質、生活在公平的社會中，其實更為重要。

所以當我們以這種觀點去解讀星盤時，會先條列此星盤當事人所擁有的世俗層面的好事與壞事：這張星盤是否顯示擁有許多好朋友？是否顯示家庭關係分離？我們也可以從各宮主星來判斷，如果吉宮的宮主星處於非常不佳的狀態或位置，可能代表這個生活領域會產生問題。舉例來說，如果第十宮主星落

在第六宮，代表當事人擁有很穩定的職業，但同時也代表這份工作卑微、需付出勞力，得到很低的肯定。所有這些事物，都會影響亞里斯多德學派所認知的好的生活。

另一方面來說，亞里斯多德非常清楚，只有這些事物尚不足以決定幸福或不幸福的感受。幸福感是一種**心靈**上的狀態，是心靈**面對**外在物質的選擇和情緒感受平衡的結果，一個富有的人，會因為他的心靈不平衡與混亂，而過得很悲慘；一個相對貧窮的人，卻可能因為他具有強健與平衡的人格特質而快樂。所以，是什麼造成人格特質的「好」與「壞」？就亞里斯多德而言，**關鍵點就是**「平衡」。當我們面對世俗的好事或壞事時會產生情緒，我們可以使用：（1）理性的判斷；（2）適當平衡的感受；（3）讓這些選擇成為慣性的反應。只有偶爾做出好的決定與適當的感受是不夠的，為了達到幸福，我們必須讓理性的判斷與平衡的感受成為慣性反應，因此需具備穩定的人格特質。這種特質的最佳狀態是：使感受與外在狀態得到平衡，稱為「美德」（virtue）。舉例來說，某些美德與金錢有關、某些與玩樂有關、或是與憤怒有關……等。

這邊舉兩個簡單的例子說明。假設我已經幾杯馬丁尼下肚，之後又想再來一杯，與朋友喝酒尋歡可當作一件好事，所以我想再喝下去，我知道當我繼續喝酒會很開心，可是眼前有兩件事必須考慮。首先，我必須在開心與痛苦中找到平衡點，如果沒有繼續喝我不會太痛苦，就算繼續喝下去我也不會過度

縱情享樂；再者，理性地判斷要不要再喝一杯，取決於生活中的其他狀況與需求：我是否必須早起（這就表示我不應該繼續喝）？或者其實我正在熱帶度假勝地參加朋友的婚禮，沒有肩負其他的責任（這表示我可以輕鬆地再喝一杯）？這些內心的衡量都跟節制的美德有關，我們常在喝酒、美食與性關係上，衡量開心與痛苦的指數後做出抉擇。理想的狀況是，當我不能再繼續喝時，只會有些微的痛苦，或是當我繼續喝下去，也不會因此貪杯放縱，而且我對於做出這些選擇已有慣性反應。剛開始學喝酒的人較難以想到這些狀況，但經驗老道、已找到平衡點的人則不會。他們情緒平和、輕易地下決定，或許他們就是擁有節制的美德。

　　我們再來說明勇氣，這是一種面對危險處境時，混合了恐懼與自信的平衡感受。一個勇敢的士兵會明白，儘管處境危險，他仍會持續戰鬥下去，而且他也知道何時是該撤退的時候。他不會被有勇無謀的自大或畏懼的感受所驅使，而是知道在面對各種情況下，該如何巧妙地平衡、控制這些感受。

　　但是，多數人只有在某些生活領域中，具有這些美德。我們常在兩種處境下，難以控制感受與行動的適當平衡。第一種狀況是「惡習」（vice），惡習就是我們不再理性判斷選擇的平衡感受，反而持續走向極端的狀態。一個士兵持續放任他的自信，走向極端，變成蠻幹的人，或是持續跟隨著他的恐懼，變成儒夫；一個及時行樂的酒鬼，會一直放任喝酒的快感（我相

信這其中有很多原因），因此當他不喝酒時就會感到極端的痛苦；像厭食症患者變成慣於厭惡飲食，或是有些人會因為沒有飯後甜點而感到強烈的不愉快。其他容易開心與平衡的人，在同樣狀況下只會感覺些許不愉快，或甚至根本沒感覺。

第二種狀況為「缺乏自我控制力」，多數人都曾經有過落入這種狀態的生活經驗。在這種狀態下會存在許多矛盾，人們對於判斷、感受與行為等一切都會感到迷惘。大部分人都曾經歷突然失去警覺性，因此喝多了酒，最後的代價就是隔天宿醉上班。貪食症是這種狀況的最佳例證，過度飽食後再劇烈嘔吐。有些人會在不適當的自信與恐懼之中動搖擺盪，也是另一種例證。

所以，就亞里斯多德的哲學觀而言，我們具有穩定的平衡狀態（美德），也有穩定的極端狀態（惡習），以及矛盾地擺盪（缺乏自我控制力）的狀態。如果將這些觀點放入星盤中，可以透過尊貴力量與其他行星狀態，判斷當事人具有哪種傾向與特質。舉例來說，比較行星的力量，如果一個行星落在廟宮的星座位置，表示當事人具有美德；落在旺宮的星座位置，表示當事人具有過度自信的缺點；落在弱宮的星座位置，則明顯具有缺乏自制力的缺陷，因為入弱的行星經常陷入難以獲得關注的困境中，這種困境會導致極端的行為（詳見第八章）；行星受土星刑剋則會貶低自我價值，因為在某些人生領域較難獲得世俗上的好事；吉星較能產生平衡的狀態，凶星則會產生較

為極端的狀態。以上只是我個人所提出的一些例子，其實還有很多種方式可以用來衡量、說明這些狀況。

幸福型態2：斯多葛學派與有選擇性的價值觀

有部分斯多葛學派的觀點是針對亞里斯多德的觀點所做的回應，所以在此必須同時討論亞里斯多德。斯多葛學派更深入地探討價值觀與感受等等，這是亞里斯多德並未提及的。斯多葛學派重視自由的價值觀、個人的自信，以及對生命更正向的情緒管理，由此可見此學派較為「精神性」的取向。我先說明斯多葛價值觀的幾項基本觀點，然後再與亞里斯多德學派做比較，這能幫助你更理解它們兩者的差異。

斯多葛的宇宙圖象，始於宇宙具有神性心智的觀點，上帝並非站在宇宙的外圍，上帝**就是**宇宙。這個觀點帶出三個重要的結論。第一，它代表宇宙萬物是一個整體，具有組織的秩序。第二，它代表宇宙具有智慧的秩序與步調——不是來自外在，而是存於內在，一切萬物如同你我所思與所為，全然是宇宙心智活動的一部分。第三，這表示在宇宙心智的行動方向之下，萬物都依照宿命被決定了他們該是的樣貌、做他們會有的行為，用另一種說法則是，萬物注定的行為是來自於他們自然的天性，因此以宇宙的觀點來看，沒有事物是「不應該發生」的。

最後這個部分可能很難接受，讓我再多做一些說明。從

宇宙的觀點來看，萬物的狀態都是注定的，萬物無法拒絕扮演它該扮演的角色，因為宇宙萬物彼此互相交織而促成事物發生，因此雲朵隨著它的自然狀態運行，有時會下雨，然後使岩石滾落等等。從人身受限的視野，我們無法真正地判斷哪些事件確實會發生，因為我們在任何時刻都無法描繪全宇宙的秩序狀態，但確實可知的是，一個生氣的人，因為他的人格特質，可能會做出某些事；而心中有愛的人會去愛人。如果有人跟我說，今天可能會下雨，記得帶把傘，但是我就是屬於那種不愛聽他人建議的人，於是不帶傘出門而被雨淋濕了，此時就沒道理抱怨自己被淋溼。雲朵只是依照自然天性運作，我的行為也是依照自己的天性，但是可能因為他人勸告我帶把傘出去，因而改變了我的想法，做出的行為就不同了。

因此，當宇宙以這種方式建構，萬物之間必然就會存有不一致性（如同天空的雲朵降雨下來時，一個人堅持不撐傘卻又不想被淋濕），從人性來說，這些不一致性的衝突更是頑固不化，因為多數人對於自己是怎樣的人、自己想做什麼事，這兩者之間的認知常是扭曲的，這種認知扭曲所產生的結果就是不幸福。所以，從斯多葛的觀點來看，生命的目標──幸福──涵蓋了「活在合乎天性中」，以及擁有「平順流動的人生」，這表示我們應該讓自己活在天性以及宇宙自然天性中，才能擁抱宇宙所賦予的禮物，當其他事物也依據**它們**的自然天性而發生時，我們也不會因此受干擾。

　　以上是斯多葛的價值觀的理論。回到亞里斯多德的觀點，一般認知財富與名聲是好事，所以我們應該盡可能增加、擴大這些好事，即使他也說，幸福實際上是來自於我們對情緒感受具有正確的管理能力。斯多葛以更精確的觀點闡釋，這些外在事物並沒有**所謂的好與壞**，只有我們的心理與情緒狀態才能決定幸福。不同於道德價值觀，斯多葛學派的價值觀稱為「有選擇性的價值觀」。以此觀點，我們不把財富當作必然的好事，而是應該要「選擇」財富，或是在某些狀態下，甚至應該「不去選擇」財富。亞里斯多德稱為「好」的事物，斯多葛則稱為「合乎天性的結果」，亞里斯多德稱為「壞」的事物，斯多葛則稱為「不合乎天性的結果」。

　　這樣聽起來可能很奇怪，以下就來看它是如何運作的。如果你認為財富是一件好事，因此相信財富能為你帶來（部分的）幸福，你想要、渴望財富，於是當你得到財富時會很雀躍，但是沒得到時便陷入苦惱。這些無法真正控制的事物，會使你因此成為奴隸，經常過度地擺盪在歡欣鼓舞（當你得到時）與憂煩（當你沒得到時）之間。換句話說，如果把自我的價值，建構在不屬於你的事物上，便會自動地讓情緒依附在這些事物上，並且當真以為它們是自己的一部分，然後讓自己如同搭乘情緒的雲霄飛車，逼得自己必須協調兩極端的情緒——這就是亞里斯多德提及情緒平衡管理之故。

　　但是如果改變自己對事物的價值觀點，例如將財富當作

「有選擇性」的價值時,便可立即讓自己的情緒與這些事物分開,而不再是它們的奴隸,無論得到或者失去它們,你都能感到內心的自主與平靜。假設一個人將自我的價值建立在他鍾愛的車子上,有天他發現車門竟然被刮了一個凹痕,這個打擊使他處在很糟的心情中,他覺得很失落,可能幾天後甚至乾脆把車子送人(這種事常發生在小朋友身上)。如果他具有亞里斯多德派的思想,便會試圖在憤怒的感受,與車子對他的重要性之中取得平衡——這輛車子是一件好的事物,但並非是最重要的事物;如同凹痕是一個不好的事物,但程度是輕微的。經過這樣思考後,他可能只會感到些微的生氣或難過。但是,如果以斯多葛的觀點來看,這件事不僅是控制、管理憤怒而已,而是一件價值扭曲的案例,這個人讓物質控制他的心緒——這是一種有問題的情緒,他應該「選擇」讓他的車子處在安全狀態,但不應該全然被它掌控,並以此決定他的幸福。不幸的是,這個人可能不只認為車子是好的事物,同時也會不理性地成為其他相似事物的奴隸——那就只能希望這些事物永遠不會損壞了。

人性多受制於這種幻覺,斯多葛學派認為,這種幻覺易使人突然陷入「被情緒掌控」的衝擊,因為人們相信「所有情緒都是確實存在的」。不同於多數人(以及亞里斯多德學派),斯多葛不相信有任何一種完全獨立存在的情緒,如憤怒、恐懼、貪欲等。他認為所有情緒的背後都來自價值的判斷,這些

價值判斷，會在我們想要獲得與避免某些事物時，造成情緒感受，或是讓我們在得到或失去某些事物時，內心深處產生反應；但是因爲價值判斷可能有對錯，代表**情緒的感受也可能有對錯**。假設我認爲財富是一項確實的好事，便會產生想得到它的欲望，但是由於我對財富的內在價值判斷是錯誤的，這種欲望便成了錯誤的欲望；假設我得到了財富，會在潛意識中增長不理性的傲慢，因爲我認爲我所得到的事物確實就是我的，我因此覺得開心，這就是錯誤的情緒。

　　談到這裡，可能會有人以爲斯多葛學派是在對抗情緒，這是常見的誤解。事實上，斯多葛提倡的是改變價值觀，以避免成爲外在物質世界，與情緒雲霄飛車的奴隸（或是嘗試在競爭與情緒中找到平衡點）。你可以轉化不佳的情緒，成爲所謂的「好的感受」，這些好的感受整合了內心所尋獲的幸福來源，以選擇性的價值觀看待外在事物，學習擁抱整個宇宙就是你生命的一部分──或更甚者，視你的生命與宇宙爲合一的狀態。斯多葛認爲，以這樣的認知體會生命，能使自己的**心靈提升**至世俗價值觀之上。

　　在此，我依據斯多葛的文獻舉出一些情緒感受的例子。各種來自對某些事物的欲望的情緒，「一般性」的有害情緒包含：憤怒、貪欲、各種上癮狀況以及貪愛財富等；對照斯多葛「眞實」的好的感受，則是和善、慷慨、溫暖、慈愛等。因爲避免或害怕某些事物而產生的有害情緒爲：猶疑、苦惱、受

辱、迷信與恐懼；對照斯多葛的好的感受則是敬重與潔淨的（cleanliness）。為何說是潔淨？這是什麼意思呢？我覺得應該是指，要避免會染汙正直與平靜心靈的事物，就像隨時維持房屋整潔的狀態。

以這種方式，我們可以讓自己面對無法控制的外在事物，減緩所產生的情緒，甚至可以脫離這些感受，讓自己自在地與世界萬物結合，對他人有同情心且慷慨大方，接受生命所顯現的全貌。一個具有斯多葛觀點者會擁抱全世界，同時也嘗試去改變它，並且瞭解他必須有所為、有所不為，而且他的選擇並非依照世俗所認知的好壞判斷。

亞里斯多德與斯多葛所定義的情緒感受，有兩個主要相異處：（1）亞里斯多德相信，有些情緒是**不理性且獨立存在的**；但是斯多葛認為，這些情緒是因為**價值判斷**而產生的。（2）亞里斯多德相信，我們必須**管理情緒並找到平衡點**；但是斯多葛認為，我們應該要**學習轉化**這些情緒。

占星的諮商

無論是亞里斯多德或是斯多葛的哲學觀，都適用於占星學預測的諮商上，抱持這兩種不同觀點的占星師，解讀星盤所判斷的事件徵象並無差異，但由於對人性、價值觀與幸福感的理解不同，造成他們會以不同的價值觀去說明這些徵象。所以，具有不

同觀點的占星師，會提供客戶不同型態的諮商方式。儘管每種哲學觀都期望能：（a）提供客戶行動的方向；（b）幫助客戶做好心理準備去面對未來事件，但是抱持不同哲學觀的占星師，會以不同方式去完成前述的任務，並給予客戶不同的人生期許。

　　抱持亞里斯多德觀點的占星師，會討論如何管理情緒，以面對影響人生幸福的重要事物；而抱持斯多葛觀點的占星師，則會討論如何轉化我們的價值觀，並且有智慧地在這些人生重要事物上做選擇。兩種思想都會詮釋並預測客戶的星盤，據此建議客戶如何做決定，如何得到某些事物或避免某些事物，但是我們選擇面對的態度才是兩者主要的差異所在。以下是我建議占星師諮商時的幾個步驟：

判斷星盤中所顯現的普世價值的好壞事項

　　在此，我們可以使用平常用的解盤技術，去判斷一般世俗的好壞事物狀態。當事人的社會地位如何？他／她是否擁有良好的人際關係？是哪種類型的人際關係呢？他／她的小孩未來會如何？他／她會擁有怎麼樣的伴侶關係呢？透過這些判斷，我們可以幫助當事人，為這些無法全然控制的外在事物做好心理準備。當我們為重要事件做擇日盤選擇時，也需要預先做好上述評估，才能盡量擴大世俗的好事。或者，假設你看到一張星盤充滿落陷的行星，或是許多在果宮的行星，這代表當事人所規畫的事件可能在開始時順利，但是卻無法持續太久，或是

他的人生並沒有太強的能量或驅動力。占星師所能做的就是與客戶在這些判斷上有所共識，以此建立幫助他人的策略。

判斷主要的心理與情緒反應

　　無論現代或是古典占星，都有針對此部分的技巧，最常使用的是上升星座、命主星還有水星及月亮。當事人的喜好、才能與情緒之間是否平衡？當事人有何價值觀？他／她的信念如何引發情緒性的反應，或影響他／她面對生活的能力？在此，我們會定義出當事人理性與感性的習性原型，再據此建議平衡情緒的方法，或是選擇改變價值觀進而轉化情緒。但我們絕不該做的建議，就是宣揚逆來順受的宿命論，相反地，我們應該鼓勵客戶以清楚的覺知做選擇，成為掌握自己情緒感受、內在自信、生命原則的主人。

預測與心理準備

　　沒有人生來就是預知未來的先知，但是預測在諮商中扮演很重要的角色，因為它可使人們做好準備，培養堅忍與平心靜氣的態度，去面對未來可能遭遇的事件。它也可讓我們以客觀的距離去觀看自身的處境，使我們能現實地評估，將發生的事情對我們的真實價值與意義。同時也能理解，其實每年所發生的任何事情，對於整個長遠的生命歷程來說，僅僅只是一個暫時的階段。

TECHNIQUES AND CONCEPTS

part 2

占星法則與觀念。

0 6

行星與
其他星體

　　在分析本命占星時，許多古典占星師至今仍專注於七顆古
典行星（譯註：亦即太陽、月亮、水星、金星、火星、木星、
土星）以及它們的星座主管系統（rulership），幾乎很少使用
到宿命點（vertex）或是暗月（Black Moon）；有些古典占星師
也會使用外行星（譯註：亦即天王星、海王星、冥王星），或
者甚至小行星（譯註：例如凱龍星、婚神星等）。我個人的觀
察，占星朋友中會使用外行星的，似乎都是學過現代占星的人，
且覺得外行星仍然非常實用。但是我同時也發現另一個共同的狀
況，幾乎所有的古典占星師都維持使用古典星座主管系統，只將
外行星與小行星視為次要星體，或作為進一步說明細節的判斷，
而非主要判斷要素。以此星座主管系統之下，木星仍然主管雙魚
座，土星仍然主管水瓶座，而火星仍然主管天蠍座。當判讀一張

星盤時，只有在外行星或小行星以相當緊密的度數，與七個古典行星或重要敏感點形成相位時，古典占星師們才會特別考慮外行星與小行星的影響力。例如：如果天王星落在第十一宮，卻完全沒有與古典行星或是其他宮始點形成相位關係，通常就會忽略它的影響。但是如果ASC的主星（the lord of Ascendant，就是主管上升星座的主星）（譯註：常稱爲命主星），以非常緊密的角度與某個外行星形成四分相位，或者剛好會合某個小行星，這些星體就會對於第一宮的事項有重要的影響力，例如影響著當事人的性格或是人生價值與目標。以這個邏輯來看，外行星與小行星的影響力小於原有的古典行星，但大於恆星的影響。

　　我之後會在第八章中進一步討論星座主管系統與尊貴力量，但我們先來看看這份來自阿布·馬謝的圖解資料（註6），我覺得很有意思：

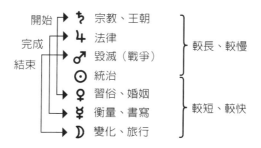

圖6：行星對社會的關係（阿布·馬謝）

註6：請參見他的著作《宗教與朝代》I.1.。

　　上述的圖解是以社會觀點來觀察行星的角色，愈外層（上層）的行星代表長期的發展與劃時代的事件，愈內層（下層）的行星則代表愈短期的事件。進一步來看，在外層的行星都有一個對應的內層行星，讓外層的表徵可以「具體成真」。因此土星與金星彼此都代表基礎與開端，土星開創了政治架構與朝代，同時金星則建立社會的人際關係與習俗。木星代表法律與道德的規範，以此實現完成了政治與宗教的體制，並透過水星來書寫以編纂保存此體制（阿布‧馬謝也指出「衡量」〔measurement〕這個字彙，是代表**理解**、解釋、說明事物真實性與自然本質）（註7）。火星與月亮皆代表改變、轉移、打破過去既有的狀態，火星透過戰爭，而月亮則是透過每天生活的變化以及旅行移動，來進行改變。在中間位置的是太陽，因為上層的事項參與主導了下層的事項，所以太陽代表一切行動的主導者。

　　要特別留意的是，土星扮演了世代的角色，或者甚至是劃時代的影響力。不同於現代占星以外行星刻劃各個世代的傾向，古典占星家是運用第一章所提到的波斯占星觀察歷史的方法。此方法主要的概念是，如果追溯土星與木星每次的交會時間，會看到木星與土星會合在同一元素大約二百四十年：木土

註7：在英文中，我們會說「看穿」（taking the measure）某人或某事。

會待在某一特定元素（例如火象星座）中，約每二十年為一個週期，依序會合於此元素的每個星座上（譯註：例如，第一次木土會合在牡羊座，再二十年之後，木土則會合在射手座，再二十年會合在獅子座，以此順序持續下去）。經過幾百年後，木土的會合將突然改變至下一個元素（譯註：以前述的例子，將從火象星座變成土象星座），並輪流會合於此元素的每個星座數次，直到木土又改變至下一個元素。

　　每次進入新的元素所開始的第一個木土會合，被稱為「時代變化的會合」（the conjunction of the change），它代表世界歷史與宗教的劃時代改變，透過較短的、每二十年為週期的木土會合期間（合併其他預測的方法），我們也可以看到世代變化與政治上的移轉。當然，這並非指外行星無法提供相似的徵象，但是古典占星早已具有這項穩定循環的理論，並且有許多可應用的法則，值得我們去瞭解。

　　前述觀察世代變化的方法，也引導出我的另一項觀點：在古典占星中，**所有古典行星也都是個人行星**。確實某些行星特別代表著心理狀態（如水星與月亮），但每個行星也都與某部分的心理層面有關聯（例如金星代表愛、月亮代表身體與情緒的關聯），或是與我們生活中的人們有關（例如土星代表年長的男性親人、月亮代表母親），所以我們其實無需將行星分類為個人行星或非個人（或是世代的）行星。

　　實際上，我認為多數現代占星師也使用相同定義。但我也

留意到現代占星師有一項奇怪的習慣，即使外行星經常被稱為非個人行星或世代行星，但他們解讀星盤時，仍然會首先留意外行星的狀態，而且將外行星用來詮釋各種相當個人化的特質與人生事件的細節——甚至以移動時間非常慢的外行星之過運來說明生命裡的每件事。許多人讓外行星獨占了整張星盤，導致那些應該歸屬於木星主管的徵象（例如：精神性），或是土星或火星主管的徵象（例如：暴力危險），都歸類至海王星、天王星與冥王星，造成古典行星遺失了很多代表徵象。

我目前仍未使用外行星，但不代表你不能使用外行星與小行星。但請試著在只有當它們（外行星或小行星）與古典行星或是敏感點形成約一度的緊密相位時，才留意它們的影響力；其他時刻，你必須聚焦在古典行星上。以較為嚴謹的方式去運用外行星，讓它們在判斷上變得更有意義，且對你更有幫助。接著你可能會很驚訝地發現，其實你並不太需要外行星。

07

星座

你可能會覺得不可思議，古典占星中十二星座的說明竟然也很不一樣，但這是真的。我認為主要的兩項差別如下：首先，古典占星的星座主要並非用於心理的詮釋；再者，從星座擴充出的許多豐富類象，可以應用、詮釋各種不同情況。在進一步說明星座之前，我先給大家看看三段古典文獻中，關於摩羯座的簡述（註8）：

「摩羯座是土星的住所（domicile），但在28度的位置為火星的領土（kingdom）（註9），在15度為木星的奴役（slavery）（註10）之處。然而，摩羯座的第一個外觀位置（first face）為木星主管，第二個外觀位置為火星主管，第三個外觀位置為太陽主管。它的自然性質為乾冷、土象、憂鬱、酸味、陰性、夜間、變化的（convertible）（註11）、冬天的、白天開始變長、圓形、

不完全（incomplete〔in figure〕）（註12）；兩種性質與自然性
（第一個部分為土與乾，有時比獸性星座及荒地〔sterile〕〔人
性，man〕星座更有力，第二部分為水象、流動〔flowing〕
（註13）、孩童們、汙濁）（註14）；草地及如草般之事物（註15）、
美好的人生、單調的聲音、易怒、謹慎（註16）、易恐慌、悲
傷、好色、（暗黑）。所代表的身體部位為膝蓋。代表的土
地為埃塞俄比亞（Ethiopia）以及印度河（Indus）的河畔，
（莫克蘭〔Makran〕、信德〔Sind〕、阿曼〔Oman〕、巴林
〔Bahrain〕）以及海德（Hind）至海札斯（Hijāz）（註17）。」

「摩羯座所代表的區域為埃塞俄比亞、莫克蘭、信德、莫
克蘭河，與前述區域至阿曼的海岸，以及海德的兩海域（註18），
它的邊界上至信德、阿華茲（Ahwaz），以及羅馬陸地的邊界。
代表地點為宮殿、正門、大門與公園，以及所有灌溉處、河
流、向下流動的水與河、灌溉溝渠、古水塘（註19）、上方有樹
的河岸、有植物的海岸、有狗與狐狸、野獸和肉食性動物的地
方、外地人與本地奴隸（註20）居住的地方、生火的地方」（註21）

「摩羯座代表一個知道如何過好生活的人，但他也很容易
生氣；他知道如何提供並照料自己的東西，甚至是其他人的東
西。他也非常知道如何提供忠告給尋求建議者；如果他想要的
話，他對事物的好壞相當敏銳；但他同時也是一個經常容易難
過的人。」（註22）

這些內容是否看起來很不熟悉呢？確實，這些內容是與元

素、性質以及部分人格特質有關的徵象（波那提所寫的人格特質可能是在描述上升摩羯座的人——由土星所掌管的星座。會有務實、嚴肅的建言、憂傷等特質，因摩羯座的旺宮主星為火星，所以也有易怒的性格）。還有其他用來類化事物象徵的描述：地理、建築物、草的種類、天文上的判斷，例如白天的長度、動物、身體的部位、肥沃度、味道等等。但是，這些內容到底要如何應用呢？

　　儘管有些星座的特質，是直接以星座所代表的動物形狀去勾勒的（例如獅子座直接代表野獸），或者是以牡羊座的上升

註8：我刪去了這些文獻中一部分最早來自我所翻譯的註釋。

註9：或是「旺」（exaltation）。

註10：或是「弱」（fall）。

註11：或是「啟動」（movable），現在則常稱為「基本」（cardinal）。

註12：阿拉伯文的字義為「吃醋的」（jealous），但是應該是「小心提防」（jealousy）較符合於土星的星座。

註13：*Fluxilis*，為水流動。但是也代表不好的道德意義，因為部分摩羯座被認為「淫蕩的」（lecherous）。

註14：阿拉伯認為摩羯座的後半部也代表鳥。

註15：阿拉伯增加了「地上的昆蟲」。

註16：阿拉伯增加了「策略專家」。

註17：阿布‧馬謝的著作《占星簡介》（*The Abbreviation of the Introduction*）I.63-69，收錄在我的著作*ITA* I.3。

註18：依照字義為「巴林」（Bahrain）。

註19：約翰（John of Spain）的翻譯為「魚塘」（fishponds）（拉丁文piscinas）。

註20：或者「居民與奴隸」（residents and slaves）。

註21：阿布‧馬謝的著作《占星學全介紹》VI.9.1259-68，收錄在我的著作*ITA* I.3。

註22：波那提的著作《天文書》II.2 Ch. 21（p. 81），另一個書名為《波那提的基礎占星學》（*Bonatti on Basic Astrology*），p.81。

位置顯示啓動（movable／cardinal）星座的特徵（如同摩羯座爲南方星座）。其實星座主要是用來描繪行星或宮位所在位置的背景狀態與結構，有時在卜卦或時事占星中，會被用來指出具體的地方；有時則用來判斷宮位與行星在此星座位置的整體力量，這種方法可應用在任何一支派的占星學上。以下整理出四種古典占星對於星座的用途：

★用來判斷每個行星座落在不同星座度數的尊貴力量，此部分請詳見第八章。

★以星座詮釋四元素（elemental qualities，又稱三方星座〔triplicities〕）與四正星座（the quadruplicities）的特質，在某些情況下，這些內容可以心理的特質來詮釋，我會在隨後說明。

★它們所具有的特別徵象：四足星座（four-footed）、貴族星座（royal）、充分發聲星座（fully voiced）、有生產力星座（prolific）或子女多的星座、北方星座……等，只在特別的狀態下才會使用。我會省略這些內容，以免讀者偏離了解盤方法。

★星座的上升與下降可作爲某些預測方法的架構，例如像上升赤經時間（ascensional times）與主限向運法（primary directions）。我在附錄A列出了許多這些方法的相關參考資料。

我以一個簡單的例子來說明如何應用。當一個行星落在

摩羯座時，它可能落在任一個五種必然尊貴上，或者沒有任何必然尊貴；詢問衝突問題的卜卦盤中，將摩羯座視爲啓動星座去解釋，是很重要的訊息（譯註：象徵這件事情的變化是快速的）；詢問遺失物品的卜卦盤中，會將摩羯座解釋成土象星座或是象徵某些確切的地點；如果詢問生產力，則摩羯座並非是肥沃星座；如果要解釋蝕點（eclipse）或是彗星落在摩羯座，它所對應的國家與區域就會是重要的。只有在某些相關情況下，才會說明魔羯座代表的人格特質，特別是當上升位置是在魔羯座的時候。

一個有意思的現象是，現代占星家會把三方星座作爲標準的判斷，但古代占星家卻不常使用三方星座，這種情況直到文藝復興時期至現代占星初期時，才開始改變；反之，古典占星家較常強調的是四正星座（quadruplicities，現代稱爲「模式」〔mode〕）。以下引用艾賓・依芝拉與薩爾的幾段說明：

「如果行星落在固定星座上，將會顯示所代表事物是固有與穩定的；如果落在啓動星座上，事物將會被改革；如果是落在雙元星座上，代表一個穩定的事物，呈現部分穩定、部分變動的狀況。」（註23）

「如果行星落在固定星座上，將代表穩定性。也就是説，與此問題相關的事物會是堅固與穩定的；如果是落在雙元星座上，則代表事物很鬆散且會重複，此事物會依附在另一個事物上；如果落在啓動星座上，則代表轉變的速度（譯註：快

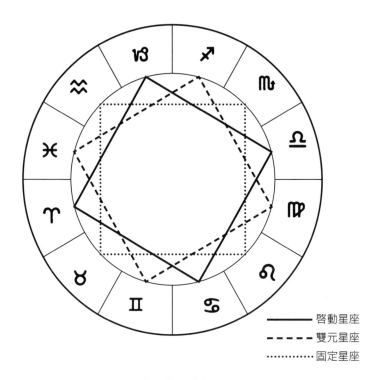

圖7：四正星座

速），或者事情會變好或變壞。」（註24）

　　這裡要說明一下字彙的使用，我們現在一般稱爲「基本」星座，在古代則是被稱爲「啓動」、「可轉變的」（convertible）、「轉向」（turning）等等，因爲它們象徵改變與行動；固定星座有時也會被稱爲「堅固」（firm）或是「固體」（solid）星座；而我們現在所稱的變動（mutable）星座，在過去被稱爲「共有」（common）或是「雙元」（doublebodied）星座，因為這些星座會在一個星座中呈現兩種特質共存的狀態。托勒密指出，這些解釋其實是來自於季節的觀察：每個季節第一個月份的氣候，因與前一個季節轉換交替，會產生很大的變化（啟動），第二個月份則會持續強化這個季節的氣候與溫度（固定），最後一個月份的氣候型態則會於目前的季節與下一個季節之間擺動（雙元共有），也預示著下個季節的到來。

　　所以一般而言，依照每個行星所在的四正星座，對應每個元素所呈現的能量型態，古典占星家會依此判斷當事人的生命隱含了較多的變動性、穩定性或易動搖的狀態。舉例來說，如果本命盤中主要的行星或是宮位（ASC、太陽與月亮、ASC主星，甚至是落在四個尖軸的行星）都落在雙元星座，這顯示當事人的人生會遭遇較多的反覆，事情會來來回回、優柔寡斷（可能因為他們會以更多不同的角度看事情）等等。在我的案例分析中會有更多的說明（詳見第十四章）。

註23：亞伯拉罕·艾賓·依芝拉的著作《智慧的開端》（*The Beginning of Wisdom*）VIII.47。
註24：薩爾·賓·畢雪的著作《五十個判斷》（*The Fifty Judgments*）46。

08

尊貴力量
的應用

古典占星使用了多種被稱為「必然尊貴與無力」（dignities and debilities）（註25）的判斷法則。必然尊貴是一種主管關係，當一個行星落在某個必然尊貴的位置，它就會在所代表的事物上，顯示某種能力與持續力；必然無力則會讓所代表事物變得凌亂無秩序，或含糊不清、易動搖、不確定。

我相信你已聽過最主要的兩種必然尊貴，那就是：

1. **廟**（Domicile）：這表示一個星座受一個行星所主管，例如火星主管牡羊座，則火星為牡羊座的主星，或者為「廟

註25：首先我要說的是，我不認為「無力」（debility）是很適當的名詞，它代表「弱」（weakness），但並非所有的無力都等於弱。且「必然無力」也不是「必然尊貴」的相對意義，它適合的相對詞應該是指在社會位階與社會責任上「無價值」（worthless）。

　　主星」，當火星落在牡羊座時，它就「落在自己的廟宮位
　　置」，或者稱它「入廟」。

2.**旺**（Exaltation）：這表示某行星旺於某個星座位置，例如
　　太陽旺於牡羊座，所以稱太陽爲牡羊座的「旺宮主星」，
　　而當太陽落在牡羊座時，它就「落在自己的旺宮位置」，
　　或者稱它「入旺」。

　　這些是我在本章主要說明的內容。但是在古典占星中，另
外還有**三種**必然尊貴的力量判斷，它們常用於某些特別的用途
或判斷技巧上，與廟及旺比較起來，它們被認爲是較「弱」的
尊貴力量。

3.**三分性**（Triplicity）：這項判斷是以三個星座同爲一元素
　　（例如火象星座），此元素被三個一組的三分性主星所主
　　管，但這些三分性主星未必是廟宮或旺宮主星。

4.**界**（Bound，**有時也會使用**term）：這項判斷是將每個星
　　座分爲五個不均等的區間，每個區間由一個界主星所主
　　管——但是太陽與月亮不會主管任何界區間（譯註：只有
　　水、金、火、木、土星會成爲界主星）。

5.**外觀或外表**（Face or Decan）：這項判斷是將每個星座等
　　分爲三個10度的區間，每個區間則分別由七個古典行星所
　　主管。

　　我們可以把上述內容的概念想像爲，每個行星相對於黃道
上的每個區域，皆有高低不同的**管理責任**，所以無論牡羊座落

在個人星盤的哪個位置，火星都主管牡羊座所代表的事項，因為它就是牡羊座的廟宮主星。如果第十宮位於牡羊座，火星會主管第十宮相關事項；如果第五宮位於牡羊座，火星則會主管第五宮事項。以此類推，無論牡羊座位於何處，太陽都是牡羊座的旺宮主星，它也具有對牡羊座應盡的管理責任。

以下圖型說明各個星座的廟與旺宮主星的對應關係：

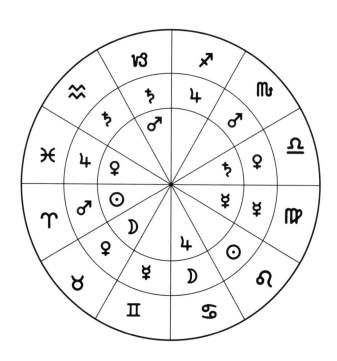

圖8：行星對應各星座的廟宮（外圈）與旺宮（內圈）位置

　　我們可以想像每個星座就如同一個家庭（實際上，星座就是行星的「家」〔houses〕或是「領土」〔domicilies〕），如果你是一家之主，你就必須爲了支撐家計與管理家庭而負責任。如果你生病了，或是因爲休假而離家，又或是發生了任何事，都會影響到由你所主導的生活，以及與你共同生活的人。因此，如果你的第十宮位於牡羊座，火星主管你的名望、行動力與事業，則火星在星盤中所呈現的狀態就會影響到這些事情。火星會落在某個星座上，與某些行星形成相位，而會有順利或是困難的狀況，所以當它的狀態改變時，這些相關的事項也會改變。當我們在判讀一張本命星盤時，最常做的事就是去瞭解每個宮位，以及宮位所在星座的廟主星所呈現的狀況。

　　廟主星與旺主星的差別，可粗略地以下面的說明來分辨。想像一個大學的部門，會有部門首長與行政主任秘書，部門首長就像是旺宮主星，他是名義上的部門負責人，並且會定奪執行任務，但是他不是日常工作任務的眞正執行者。如果首長要寄一封信，他可能不知道郵票放在哪裡，或者他可能也不知道電腦壞掉時要叫誰來修理。但是我們都知道，主任秘書才是眞正扮演這個角色的人，如果你要去做某些具體的事情，例如需要一個電話號碼、想瞭解部門的規範，或是取得學位所需的條件等等，主任秘書才是最清楚這些事項的人，所以，她就是廟宮主星。

　　這樣的類比可以推及到生活中很多層面：旺宮主星可比喻爲

一家餐廳的老闆，廟主星則是真正為餐廳賺錢的店長；很多有錢人（旺主星）聘用管家（廟主星）來協助他支付帳單、安排每日行程管理、雇用其他員工、管理清潔事項。在古典占星中，這些廟主星或是管家，才是在星盤中擁有實權的人，因此，若要找宮位的代表因子，就不會使用旺主星來代表宮位事項。

　　但非常重要的一點是，判斷廟主星（或是任何行星）是否具有很好的能力、是否有組織力、有效率、有自信等，取決於它是否落在任何一項必然尊貴上。我們以火星來看，火星主管牡羊座，因此任何一張星盤上，火星都是牡羊座的廟主星，且主導管理牡羊座有關的事項。但是在不同星盤中，火星可能落在不同的星座上，它可能落在讓它感到舒適或是力量不佳的位置。如果它落在由它所主管的星座上（牡羊座或是天蠍座），它就會感到很舒適，我們就會看到較具建設性與有效率的火星特質出現；但是如果它落在陷（detriment）或弱（fall）或是外來的（peregrine）位置上時（甚至同時具有其中兩種狀況），我們就會看到由牡羊座所代表的人生領域產生混亂無序與困境。以下就來看看這三種反尊貴（counter-dignities，也稱為必然無力）：

　　陷（Detriment）：行星入陷的星座，就在它主管的入廟星座的對面位置，所以如果一個行星主管兩個星座，它就會有兩個入陷的星座。舉例來說，太陽（獅子座的廟主星）僅入陷在水瓶座，而火星（牡羊座與天蠍座的廟主星）則會入陷在天秤座與金牛座。陷的主要意涵是「敗壞」（corruption），它帶有

以下的基本意義：崩解、不一致、缺乏自制力、煩悶或敵意，甚至道德的敗壞（以社會的眼光來看），因為它代表標準規範的解離，所以它也代表「另類的」或者「違背傳統文化的」。如果火星在入陷的位置，火星相關的活動與事件將會呈現前述的特質，試想一下一個守紀律、有條理、稱職的軍人（入廟），與一個因恐懼而亂了陣腳、缺乏作戰能力、窩裡反、笨手笨腳的軍人（入陷），將會有多大的差別。

　　弱或降（Fall or Descension）：行星入弱的星座，就在它主管的入旺星座的對面位置，所以火星（入旺在魔羯座）入弱在巨蟹座；太陽（入旺在牡羊座）則入弱在天秤座。因為每個行星只有一個入旺的星座，也就只會有一個入弱的星座；因為黃道有十二個星座，但只有七個行星，所以有五個星座並無行星入弱於此。簡單想像一個入弱的行星，就像一個人掉落到井裡時，他會大叫與哭泣，但是沒有人聽到他的聲音。從社會地位來說，一個行星入弱通常代表一個人不受到尊敬，或者位於較低的社會階層，我們也可以推測它所象徵事物的品質較低劣，或者甚至在心理的狀態上，有親近與表達的困難。除此之外，因為它代表沒人注意，且不在主流價值之中，所以也會呈現不合群或反社會的狀況。

　　入弱還有一項有趣的特質，因為每個行星都努力地想要做自己，入弱則需要非常努力才能表達自己，所以入弱也顯示當事人會努力去克服這個困境，有時卻會因此得到不愉快的結

果。例如火星是個凶星，你可能會認為把火星放一旁忽視它會比較好，但你是否曾試過忽視一個有火星特質的人呢？這樣做通常是行不通的，他們很容易變得更大聲、不停地嚷嚷、打斷別人說話、變得激動，這些行為的目的，就是因為他們不願被忽視。所以我們不能僅以表面衡量這些反尊貴的特徵，還必須要從一個人的生活與人格特質上，去詮釋他們會使用哪些方法以克服這些潛藏的困境。

以下圖型說明了各行星在各星座上的陷與弱位置的對應關係：

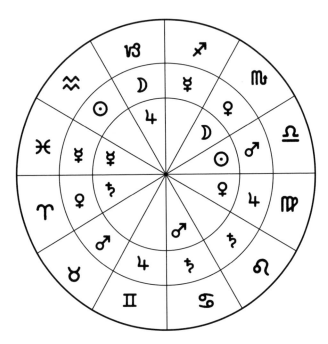

圖9：行星對應各星座的陷宮（外圈）與弱宮（內圈）位置

　　外來的（Peregrine）：最後，我們來談談「外來的」。Peregrine這個字在拉丁文與阿拉伯文的原意爲旅行者、陌生人、外地人、外來移民。當行星所在的星座位置，沒有得到任一項必然尊貴的力量，就是落在外來的位置，例如太陽在金牛座。這就很像當你身在國外，又不會講當地語言，就必須依賴其他人的好心幫助才能生活。你在此地感到困惑又無依，想住的便宜旅館又剛好已經客滿，必須跟一些你不喜歡的人住在一起，但是你一點辦法都沒有；或是你可能找到合適的落腳處，但重點是，在此卻無法像在家裡一樣，對一切事物擁有自在的掌控能力。因此，當行星在外來的位置，它的狀態與行爲都必須依賴此星座的廟主星。如果廟主星落在一個好的宮位，且具有任一種必然尊貴，或具有其他有利的狀況，這個外來的行星就會運作得比較好，就好像有人在照顧它們。但如果廟主星是在相反的狀態，這個外來的行星便會較不舒適、較缺乏建設性等等。

　　有些人難以區分外來的與陷、弱的差別，請記住：外來的表示沒有任何一項正向的必然尊貴，並非表示它具有反尊貴的徵象。舉例來說，太陽在金牛座是外來的，因爲在此處太陽得不到任何一項必然尊貴的力量；而太陽在水瓶座也是外來的，但是它在水瓶座同時**也**入陷，這會使得它在星盤中所代表的事項變得更爲不佳。

　　我們要如何去說明一個行星是否在必然尊貴或反尊貴的狀

態？在此給大家一個提示：在必然尊貴的位置，可以說明這個行星表現自己時，會較有條理結構與建設性（廟），或者較受到尊榮與自信（旺），然後再想想看行星呈現的是較為混亂無序（陷），或是位階低、被邊緣化（弱），當然你還要再加上行星的自然徵象特質去詮釋，因為一個混亂無序的火星與一個混亂無序的木星，會有很大的差異。

	廟	旺	陷	弱
♈	♂	☉ 旺宮度數19°	♀	♄ 弱宮度數21°
♉	♀	☽ 旺宮度數3°	♂	
♊	☿		♃	
♋	☽	♃ 旺宮度數15°	♄	♂ 弱宮度數28°
♌	☉		♄	
♍	☿	☿ 旺宮度數15°	♃	♀ 弱宮度數27°
♎	♀	♄ 旺宮度數21°	♂	☉ 弱宮度數19°
♏	♂		♀	☽ 弱宮度數3°
♐	♃		☿	
♑	♄	♂ 旺宮度數28°	☽	♃ 弱宮度數15°
♒	♄		☉	
♓	♃	♀ 旺宮度數27°	☿	☿ 弱宮度數15°

圖10：主要的必然尊貴與必然敗壞／無力表（註26）

註26：在古典的文獻中，常會見到數字序列的意義有所混淆，例如：以太陽所在的旺宮度數所示為19度，或是第十九個數字（也就是18度），我判斷古代作者可能要表達的意義是「至第十九個數字為止，因此名為19度」。

註27：答案請見附錄C。

練習題：請見以下星盤並回答下列問題 (註27)

1. 這張星盤中有四個行星落在廟宮位置上，分別是哪四個行星呢？

2. 哪一個行星落在弱宮位置呢？

3. 哪兩個行星是外來的呢？

4. 請觀察落在第五宮內的木星以及它的必然尊貴狀態，你認爲這樣表示當事人的子女會具有怎麼樣的性格呢？

   請記得需同時考慮木星的自然徵象意義，與其必然尊貴狀態。

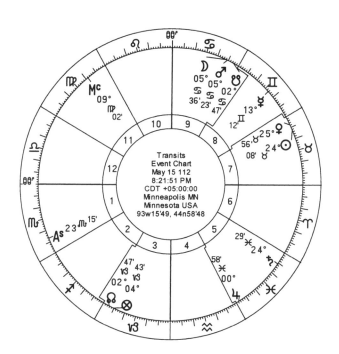

09

宮位

　　現在我們來談談宮位。宮位的意義與現代占星的說法一樣，代表著生命各個領域，落在宮位內或主管此宮位的行星，它們的狀態與自然徵象意義，會影響這些宮位相關的生活狀態。在開始說明古典占星在宮位上特別的判斷詮釋之前，我先針對現代與古典占星之間，提出兩項重要的相異點。

　　首先，古典占星並沒有以阿拉伯數字順序相同的宮位、星座與主管行星之間的對等關係。宮位、星座與行星的特性是不同的，也就是說，第一宮不具有牡羊座或火星的自然特徵，第二宮不具有金牛座與金星的自然特徵，也不會因為摩羯座或土星落在某些宮位，就以此判斷這些宮位與第十宮的事項有所關聯——**除非**第十宮就落在摩羯座，或者土星就在第十宮，又或是土星主管第十宮。宮位、星座與行星的對等關係在表面上看

似相似，但是使用這種對等關係，反而會讓你在詮釋星盤時增添許多混淆。在不求嚴謹的狀況下，我可以想見，有一些占星家在某些情形下會應用這項對等關係，但也因此變得較偏頗且不自然——當你嘗試連結這些相似的關聯性，並應用至幾個例子之後，就會難以為繼，因為這些對等關係其實並不存在。

　　再來，宮位的順序並未與任何人類演進發展有關聯性。宮位的順序只是單純地由地平線的星座開始，以逆時針方向起算；若理解宮位所代表的意義，就知道以人類的演進發展去詮釋宮位是不合理的，難道生育子女（第五宮）會出現在建立關係（第七宮）之前？或生命進入終點（第八宮）會出現在建立事業（第十宮）之前？這樣當然不合邏輯。這些是現代心理占星的理論，試著要把這些宮位串連起來，但是從我的想法來看（或者說從古典的想法來看），這樣反而把許多誤解與混淆，帶至宮位、星座與行星的詮釋中了。

　　基於以上情況，我針對古典的宮位提出三個有用且重要的特點：（1）詮釋意義上的不同；（2）使用整個星座宮位制來判斷；（3）宮位位置會分為「強而有力」、「吉宮」、「忙碌」或者「有生產力的」。針對後面兩點之間的關聯性，目前還有些不同的見解，所以我在此會盡力以最適當、扼要的方式來說明。

（1）詮釋意義上的不同

　　許多宮位的意義與現代占星是相同的，但有四個重要的例外，我們接著來看看。如下所示為古典基本的宮位意義：

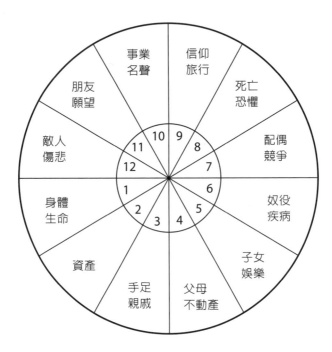

圖11：宮位的基本意義

　　瀏覽過後，你會發現最大的不同之處為第二、六、八、十二宮。這些宮位被稱為「厭惡的」（in aversion to），或者是對上升位置為「不合意」（turned away from）的地方，我會於下一章再次說明這些意義。但你會注意到，上述有三個宮位的意義都是負面的，但現代占星卻通常賦予它們正向的意義。現

代占星認為第六宮代表「工作」而非「奴隸」與「疾病」。對古典占星來說，在此宮位的「工作」，事實上是代表**聽命行事**的**努力幹活**，從事這樣的工作，只能得到些微的肯定，而第十宮才是獲得肯定讚揚之處。再來看第八宮，許多現代占星會解釋為配偶的資產，古典占星也有相同的意義，但是這個宮位並不代表「性」（性應該是第五宮所代表）或是「轉化」（除非你是指身體轉化成為冰冷的屍體）。同樣的，第十二宮較常用來代表掉入陷阱、限制自由的經驗，例如敵人（特別是隱藏的敵人）、錯誤、沮喪、孤立、監禁；它也代表玄祕、超自然的事項，但是它與精神啟蒙無關，且雙魚座或木星、海王星，在性質上與第十二宮無對等關係——精神啟蒙的意涵是屬於第九宮與第三宮（這兩個宮位在古典占星中才是精神性的宮位）。最後，第二宮與個人的資產及相關人物有關——金錢本身以及財務的支持者，而且是可以立即運用的金錢。它不代表「價值觀」，因為整張星盤都是在詮釋我們的價值觀與珍視的事物，我在之前已經說明過價值觀的概念了，且第二宮與金星在本質上並無對等關係。

　　前述說明了宮位意義最主要的不同，我會在下一章闡述更多。現在，我們再回到宮位系統上說明。

（2）宮位系統與整個星座宮位制（Whole-sign houses）

　　在西元1980年代之前，一般認為古典占星只使用幾種我

們現在熟悉的宮位系統：普拉西德斯制、雷格蒙塔納斯制、等宮制等等，實際上，古代與中世紀占星師還使用了普菲力制（Porphyry）以及阿拉一恰比提爾斯的半弧宮位制（Alchabitius Semi-Arcs）。除了等宮制以外，上述這些宮位系統現在被稱爲「象限」（quadrant）宮位制，因爲它們都是以尖軸所在度數位置（上升點ASC、天頂MC、下降點DSC以及天底IC〔或者Imum Coeli〕）所形成的四個象限，再切分成三等份而成爲十二個宮位，因此從天頂至上升這個度數範圍，包含了三個大小不等的區塊，稱爲第十、十一、十二宮。因爲黃道的傾斜，在不同的宮位系統與緯度之下，有時在一個星座內會有兩個以上的宮位座落，有時在一個宮位內會含有兩個以上的星座，造成某個星座完全被「劫奪」（intercepted）在一個宮位內（譯註：此時宮位的長度超過30度，造成某個星座完全被覆蓋在這個宮位內，且此宮位的起迄點也不在這個星座上）。

但是有譯者從更久遠的典籍中，發現甚爲古老而且可能是最原始的宮位系統，我們現在稱之爲「整個星座」宮位制。在這個宮位制中，每個**星座**與每個宮位相等，尖軸的度數位置仍然被使用在重要的判斷上，但是就不會出現位於星座中間度數的宮始點，也不會出現劫奪星座。我們來看以下的星盤：

這張星盤是以阿拉一恰比提爾斯的半弧宮位制所繪製，此宮位制爲中世紀相當流行的象限宮位制。此星盤的上升位置爲射手座8度，所以由此位置到魔羯座13度爲第一宮的範圍，它

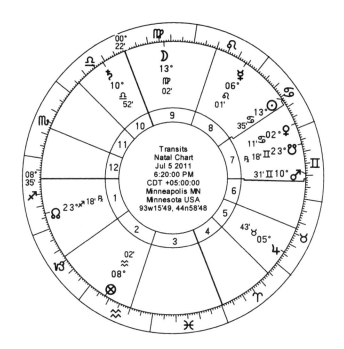

涵蓋了部分的射手座與部分的魔羯座，而射手座在上升點之前
的上半部，是落在第十二宮的範圍，雙魚座與處女座則完全被
劫奪在第三宮與第九宮之內，且有兩個宮位的始點落在天秤座
與牡羊座，金星被認為是第七宮內行星，因為它落在雙子座下
降點起算的第七宮範圍內。

　　但是以整個星座宮位制來看，就有很大的不同。因為上升
星座為射手座，無論是上升度數前或後的兩個部分，**整個**射手
座都是第一宮。第一宮起始的位置就是射手座起始的位置，第
二宮也全部位於第二個星座：魔羯座，而且位於魔羯座的任何

行星，都被視爲第二宮內行星，依此類推。你也會發現MC的
位置係落在第十一個星座上（也就是整個星座宮位制的第十一
宮），而處女座（第十個星座）則是第十個宮位，所以在處女
座的月亮就成了第十宮內的行星，相同的，金星就成了第八宮
內的行星。如此不會產生多個宮始點落在同一星座（除非於同
一星座再做切分），也不會有劫奪星座。以整個星座宮位制所
產生的星盤如下所示：

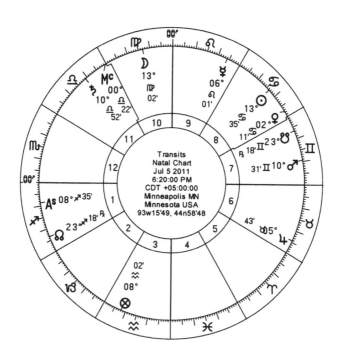

　　雖然古代確實有使用象限宮位制或等宮制的紀錄，但這些文獻卻也認為這些宮位制其實是有爭議的，所以他們只用於某些特別的用途上。舉例來說，有證據顯示，象限宮位制主要用於星盤上的行星力量強弱，或者是否活躍的判斷上——也就是說，判斷行星是否較為有力或較為顯眼，我會隨後再次說明此部分。但總而言之，以整個星座宮位制為主要判斷，到僅以象限宮位制為主的轉變過程，其實是很緩慢的，似乎是在阿拉伯時期的前幾個世紀，才開始加速這樣的轉變。

　　許多古典占星家以及部分的現代占星家，現在都採行整個星座宮位制，但是你應該不難想像，要轉換成整個星座宮位制，將會面臨多大的錯亂與驚惶！以前面的星盤為例，轉換宮位制後，金星究竟是要當作第七宮的行星——代表婚姻關係，還是要當作第八宮的行星——代表死亡、不安等等，這將會造成很大的判斷差異。

　　我可以告訴你，以我個人的經驗，這樣的轉變是需要時間去適應的，而且會有認同危機與錯亂，因為當你解讀星盤時會不斷地想：這顆行星到底是落在哪一宮啊？

　　但我也可以告訴你，只要你願意採用整個星座宮位制，你將會感到更可靠與安全。除此之外，當你不再以象限宮位制的宮始點，去詮釋宮位意義與行星力量，許多古典概念的徵象會突然明顯易見：例如不合意的使用，以及行星與其主管宮位（也就是行星所主管的星座）產生相位等觀念。這些內容我會

於第十章再說明。

（3）吉宮或有力的宮位

　　我之前曾提過，古典占星家並不認爲每個行星在整個星盤上都一樣顯著，或者說一樣的「投入」（engaged），有些行星被認爲是較無力或者是受忽視的。左拉老師以一群人的團體照作爲例子，來說明這個觀念。有些人站在最前面，所以非常清楚，你可以一眼立刻看到他們，但是有些人站在後面，有部分被擋到，甚至模糊不清。又例如在一個派對中，有些人會躲在角落徘徊，有些人卻很喧嘩，讓你會特別注意到他們。但是這些情況跟這些人是不是好人或是有趣與否無關，這只跟他們是否顯眼與易受矚目有關。

　　我們來看看這項觀念的兩種判斷，這是因爲這項行星力量的判斷，是混合整個星座宮位制與象限宮位制而成。以下第一張圖有八個被稱爲「好運」（advantageous）或者「有力」（strong）的位置，相傳這項判斷方法，來自神話流傳的埃及法老王（詳見第一章），所以非常古老。

　　灰色的宮位顯示「好運」、「有力」、「忙碌」，或者是「有生產力」（這些形容詞以不同的語言來說，會有不同的用詞），你應該立刻發現上述所有宮位都是始宮（第一、十七、四宮）以及續宮（第二、十一、八、五宮），其餘的宮位則爲果宮。果宮原文Cadent的意義就是「衰弱」（falling），

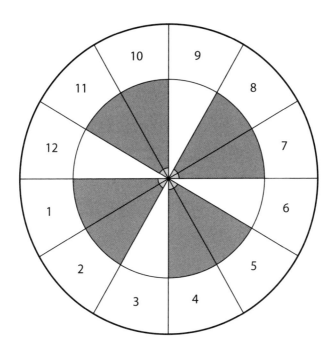

圖12：八個有力位置：法老王、阿布・馬謝、阿拉─夸比斯（al-Qabīsī）

因此這些宮位在力量與耀眼度上是減退的。以這項判斷方法來看，行星落在這八個位置較活躍、顯眼、「有力」等等。落在始宮的行星是最為耀眼的，而落在續宮的行星耀眼度就沒那麼強，在果宮的行星，無論是否落在必然尊貴上、是否與有力的吉星產生相位等等，落在果宮就是較弱且較受忽視。

　　但是我們還要考慮一項重要的問題：前述的判斷是依據整個星座宮位制，還是象限宮位制呢？在回答這個問題以前，我們先來看第二種判斷方法：

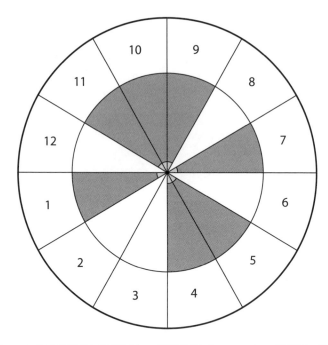

圖13：七個吉宮位置（灰底處）：提梅攸斯（Timaeus）、都勒斯、薩爾

　　這張圖只有七個標明灰色的宮位，你是否看出這些位置的共通點呢？這些宮位就是第一宮，以及與第一宮形成托勒密主相位的宮位。例如第十一宮與第一宮為六分相（sextile），第十與第四宮都與第一宮形成四分相（square），第九與第五宮與第一宮形成三分相（trine），第七宮則與第一宮形成對分相位（opposition）。只有一個宮位與第一宮有形成相位，卻沒被標明灰色位置的是第三宮，因為在古典的觀念上，這是一個模稜兩可的宮位。以此項方法，若行星落在第九宮，則被認為是好運或者投入等等，但這跟前一張圖的判斷卻不相同。

　　所以，究竟這是兩種互為矛盾的判斷方式，或者兩者之間存有方法去調和呢？有許多古典占星家目前採行一種解決之道，就是：（a）七個吉宮位置是依據**整個星座宮位制**，用來顯示這些行星是否對當事人特別有益與投入，因為它們都與上升宮位形成主相位，但是（b）八個有力位置則依據**象限宮位制**，顯示行星自己本身與在此星盤的活躍或是顯眼程度。我想這個方法有許多可學習之處，我必須強調我們嘗試著從困難的文獻中篩選資料，並重新建構出古代占星師的方法，或許還有比這個方法更好的解決之道。

　　讓我們再來看看前例的星盤，並以前述的方法實際演練：

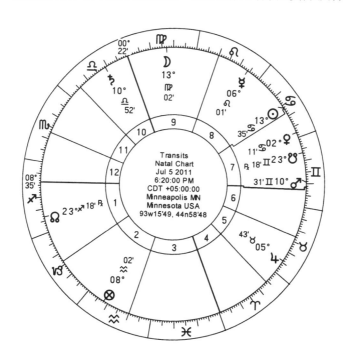

　　為了避免混淆「宮位」這個名詞的定義，我們在此稱呼整個星座為「宮位」，而象限制（以尖軸度數）所切分的位置，則以其顯著與活躍的程度，稱之為「有力」、「中等」、「無力」的位置。所以從上升位置射手座8度開始，至魔羯座13度不稱作「第一宮」，而稱為「最顯著」的區域；從摩羯座13度至水瓶座20度，也不是「第二宮」，而是「中等有力」的位置；由水瓶座20度至牡羊座0度（這個位置也是天底IC所在的位置）則是「無力」的位置，星盤的其他位置則依此類推。

　　如果你判讀木星，它落在第六宮，這代表木星的徵象會與疾病、奴役、壓力、寵物與小型動物等有關。在七個吉宮位置中，第六宮不是好運位置之一，因為它與上升星座沒有形成主相位，但是以有力或活躍程度來說，它落在中等的區域。以此方法，我會判斷木星並非有益於當事人，但是它在整張星盤中具有中等的影響力，且對應的是第六宮相關的事項。

　　現在我們來看看土星，它落在第十一宮內，這對當事人來說是個吉宮。它也在十度內會MC，代表土星活躍度強而有力。從另一方面來看，月亮落在第十宮（給當事人好運），但是它的活躍程度卻是較無力的，所以儘管它落在星盤的重要宮位，與人生的重要事項有關聯（名望、志業），但是卻不活躍或不顯著，無法達成我們期待它該有的表現。這代表它雖然與第十宮的事項相關，但是它的表現卻難以與土星匹敵（因為靠近天頂MC的度數，永遠都具有名望與志業的徵象）。

再來看看金星，它落在第八宮，這並非有益於當事人的宮位，但是它落在活躍度強的位置，在星盤中較爲主動與顯眼，使我們會去注意它在整個星盤的表現。

我想這樣的合併方法是非常有用的，你將會發現它有助於你的解盤分析。當我們分析一張星盤時，需要判斷哪些行星較爲突出，一方面依據七個吉宮（整個星座宮位制），判斷對當事人是否爲有益的位置；另一方面使用象限制的八個有力位置，判斷以整個星盤來看是否有力。因爲當一個行星對我們自己是有益與投入的，並不代表它實際的力量是強而有力的；相同的，當一個行星在星盤中是非常活躍與顯眼的，也不代表它對自己是有益的。這些觀念將有助於我們更精細地去判斷行星的活躍狀態。

練習題：請依照我所介紹的合併方法，回答下列問題。也就是以整個星座宮位制定義人生的主題事項；以整個星座的七個吉宮位置，判斷當事人的有益位置；以象限宮位制的八個有力位置，判斷行星的活躍與顯眼度 (註28)。

1.月亮在哪一宮呢？

2.火星在哪一宮呢？

註28：答案請見附錄C。

3.木星在哪一宮呢？

4.說明土星在哪一宮，以及它的力量如何？

5.火星的力量如何呢？

6.木星的力量如何呢？

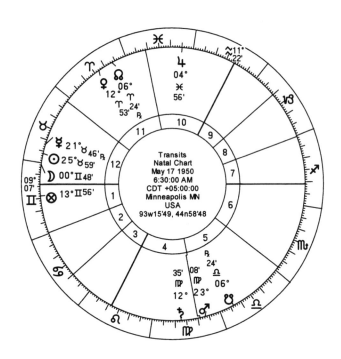

10

相位與不合意：
注視與盲點

　　現在你已經學會了整個星座宮位制，我要更進一步以相位的角度來說明盲點的概念（或者甚至是無意識）。

　　一般來說，占星師會以行星間確切的度數距離計算相位關係，也會在準確的度數上考慮些許度數的差異，稱爲「容許度」（orb）。讓我們看看下頁的星盤：

　　在此例中，月亮落於處女座的末度數，依據現代占星對六分相普遍使用的容許度爲3度，月亮與落在天蠍座的太陽，在容許度範圍內形成六分相。以現代的判斷法則，月亮也與落在獅子座的木星，形成準確的十二分相位，月亮也在容許度範圍中，與落在雙子座的土星形成跨越星座（out-of-sign）的三分相，因爲月亮的準確三合位置爲金牛座25度，雖然土星的位置還在容許度範圍，但是卻已落在下一個星座位置（雙子座）了。

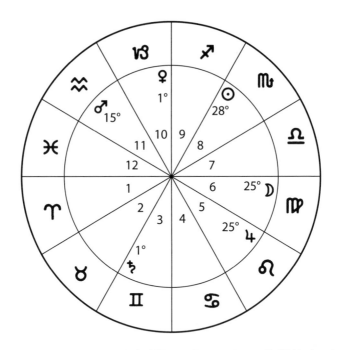

古典占星對於相位的判斷卻有些不同，我們等會再以前例說明。古典占星是以（1）整個星座來界定相位關係，不同於（2）以容許度數所計算的正常相位（degree-based aspects proper），而且通常（3）不考慮跨越星座的相位（雖然有些中世紀的占星家允許跨星座的合相〔conjunction〕），這些情況，將對於所謂的「次相位」（minor aspects）產生不同的看法。以下就前述各點內容進一步探討。

（1）整個星座相位制（Whole sign aspects）

一般相位的計算是以某個度數位置至另一個特定的度數位置，計算其距離而得——例如從獅子座15度至射手座15度為三分相（譯註：即相距120度）的位置。但是古典占星卻是以整

個星座作為相位的判斷基礎，從**獅子座**至**射手座**的相對位置就是三分相，因為這些星座（如同整個星座宮位制）被視為獨立不同的單位，落在某星座的行星、與落在另一個星座的行星，兩者會以整個星座的位置，來判斷彼此的相位關係。所以，落在處女座的行星與落在摩羯座的行星，便形成整個星座三分相位，因為處女座與魔羯座是在彼此三分相的位置上，即使這兩個行星間的度數距離可能超過三分相的度數，但是仍依據所在星座來判斷。以前例的月亮與金星，即使她們之間的相距度數，遠超過我們本來所認知的相位距離，她們之間仍形成整個星座三分相位。整個星座相位制是行星對另一個行星的「**態度**」（attitudes）或者「**感受**」（bearings，拉丁原文為habitudo）。

從占星學的意義來看，整個星座的相位關係，是一種留意、感受的態度，但並非有直接來往的關係。想像你正坐在某個不喜歡的人身邊，他的政治立場迥異且令人不悅，你可能不想跟他辯論、刻意忽略他，或僅止於閒扯，但是你們之間確實存在不想交談的關係，這就是一種態度、一種感受，這就像是整個星座的四分相位。再來，想像每個星座如同社區的鄰居們：你可能並不認識、也從未拜訪過住在街尾的鄰居，但你喜歡她修整庭園或照顧小孩的方式，因此對她有種親切感。這就很像是整個星座的六分相或三分相位，行星與其他行星僅以星座位置的關係，即產生這種不悅或友好的感受，就跟我們的真實生活一樣。這種關係不太緊密，但卻有真實的感受。如果你的月

亮與火星形成整個星座的四分相位，它們之間會產生不悅與摩
擦，但並非相當明顯，一直要到此徵象在特定流年被引發時才
會顯現，但也不如在容許度數內的相位來得強烈直接。

（2）正常的相位（Aspects proper）

我這裡稱為正常相位，是以容許度計算的相位，就是以確
切的相位度數範圍計算而得的，一般稱為「容許度」。在現代占
星，容許度是依據各種相位而得的數字。舉例來說，當我學習現
代占星時，我學到三分相位的容許度是6度，所以前例中的月亮落
在處女座25度，她的準確三分位置在摩羯座25度，但是任何行星
落在這個位置的前後6度之內，都與月亮成為三分相位。

但古典占星的容許度卻是依據**行星**來決定的，而非依據相
位本身。僅古希臘文獻中有項例外法則，提到任何相位只在3
度內有效，以前例的月亮來看，她的三分位置在摩羯座25度，
則在此度數前後3度內的位置為有效相位。但阿拉伯與中世紀
時期的拉丁占星作者，則對於不同行星給予不同的容許度。以
下是波斯與阿拉伯占星家所使用的古典容許度：

♄	9°
♃	9°
♂	8°
☉	15°
♀	7°
☿	7°
☽	12°

圖14：古典相位容許度（可前後加減度數）

　　上述的容許度用於行星度數位置上前後加減，所以在前例中，火星落在水瓶座15度，往前推60度處，為它的準確六分相位置，也就是牡羊座15度，因為火星的容許度為8度，落在牡羊座15度的前後8度位置的行星，與火星都形成六分相位。當然，此行星的容許度與其他行星的容許度會重疊，所以實際上行星落在超過8度的位置，仍會形成相位。

　　你會發現這些容許度，比現在常用的容許度數寬了許多，你可能會納悶這麼寬的容許度是否有意義。但是請記住，整個星座相位制與容許度計算相位制的差異在於：兩行星以整個星座產生的相位關係較不緊密；以容許度數產生的相位就表示兩個行星開始溝通，直接與另一個行星接觸。而且事實上，入相位（applying aspect）這個名詞在阿拉伯的字義就是：去接觸、去溝通。

　　（3）**不合意與盲點**（Aversions and Blindness）

　　依照前述方法觀察相位時，有種狀況需要注意，就是古典占星不考慮跨越星座的相位，只有當行星合相時，考慮星體本身散發光線的交互影響，會跨越了星座的界限，因此，跨越星座的合相是可被接受的。依據古典文獻，前例中的月亮並未與土星形成容許度內的三分相位，因為它們的相位已經跨越了星座，更甚者，以整個星座相位制來看，月亮與土星其實是四分相，反而變成完全不同的相位了！

　　再者，相位的概念會引導出一項很重要的觀念──「不合意」，這對現代占星師來說可能是個很新的名詞，但實際上你

早已知道它了。以古典的觀點，行星之間的關係僅有聚集（註29）在同一星座上（或是在容許度內會合），或以整個星座相位制產生六分、四分、三分、對分等相位關係。上述的關係會讓四個星座位置成了失落的一角，也就是行星兩側的兩個星座（從行星起算的第二與第十二個星座），以及從行星起算的第六與第八個星座，可參看下頁的圖型說明。

在這張圖中，火星落在第十個星座宮位中，其他行星與火星所能產生的關係，就是與其會合在同一宮位內，或者與它產生六分、四分、三分、對分的相位關係（也就是落在灰色區塊中）。但**任何行星**落在第十一宮或第九宮、第三或第五宮，就無法跟火星產生相位關係（註30），這些位置被稱為「不合意於」火星的位置，按照字義解釋，就是「轉頭離開」火星。

以現代占星而言，這些位置卻是十二分相位（semi-sextile）以及十二之五相位（inconjunct）等，當行星落在這四個星座位置，被認為有次相位關係。所以，你可能覺得古典占星是有問題的，因為古典占星不考慮這些次相位。但此處的關鍵點在於：**這些位置雖然沒有形成相位關係，但是它們仍然是有意義的**。

註29：也就是行星會合，這代表行星落於同一個星座，且彼此距離不超過15度（特別是在3度以內），但是我也提過，有些古典占星家可接受跨越星座的合相。

註30：除非我們考慮跨越星座的相位。

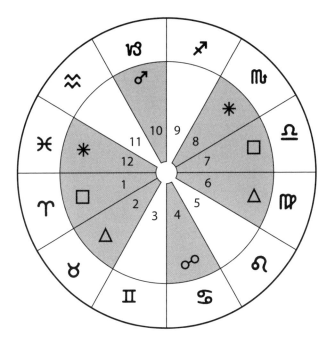

圖15：與第十宮的火星形成不合意的宮位（白色區塊）

　　請記得「相位」這個字的意義是「去注視著」，當行星投射出相位時，它們會投射出光線，但是注視（looking）、看見（seeing）以及光線（light），這些名詞經常也代表了理解與掌握。我們可以想想看這些句子代表什麼意思：「我懂你的意思」（I see what you mean.）、或是「啓發」（enlightend），又或是當政治人物說「注意這個問題」（looking at an issue）、甚至是有些政治問題「攤牌了」（on the table），似乎都代表他們會調查並爲這個問題做點什麼。但是當事情處在看不見的黑暗中，這些事其實是未知的、受忽視、碰觸不到的、得不到的——以心理學的

角度來說，它們是在無意識之中，或者拒絕接納。

　　這正是行星對另一個行星為不合意時的意義，或者特別是行星與其主管星座為不合意的意義：代表它被分隔開來、被離間、無知、忽視；有些文獻提到，這樣甚至代表旅行（也就是缺席），或是沒有足夠訊息就行動。我們可以從哲學與實務的面向來看圖16（見下一頁）。

　　由此圖形的上升位置（牡羊座）來看，與上升星座形成不合意的位置為：第十二宮（雙魚座）、第二宮（金牛座）、第六宮（處女座）以及第八宮（天蠍座）。不合意的位置代表無知、忽視、否認等等，那麼，還記得在古典占星的定義中，這些宮位所代表的意思是什麼嗎？第十二宮代表敵人，特別是隱藏的敵人；第二宮代表個人的資產與財產，也代表盟友（譯註：卜卦占星中定義第一宮為自己，第七宮為敵人，所以第二宮是支持自己的盟友，第八宮則為敵人的盟友）；第六宮代表疾病，也代表部屬、奴役以及（中世紀的）藩屬；第八宮代表死亡。如果我們觀察這些宮位的意義，就會看出它們已經隱含無知與忽視的意思：我們對於隱藏的敵人一無所知（第十二宮）；我們也會忽視否認自己的死亡（第八宮）。你可能認為第二宮與第六宮似乎不適用這項定義，但是我們真的清楚瞭解自己的資產與部屬嗎？試想看看，當景氣低迷時，我們其實很難去控制與衡量、管理自己資產的多寡；相同的，大多時候，我們也很難去全盤瞭解或信任盟友的所做所為；再說第六宮，

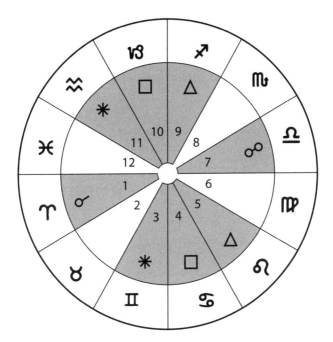

圖16：與上升位置形成不合意的宮位（白色區塊）

我們無法控制疾病的降臨，同樣的，我們也經常難以看清楚部屬的實際作為。

在中世紀時，封建制度主要是建立在領主（上升星座）與其藩屬國（第六宮）的交易約定上，透過土地使用權與一些利益的交換，當領主有困難時，藩屬國會提供支持與協助，但是你可以想像，在城堡中的領主，可能會盤算著藩屬國是否占了他的便宜，是否真的能依賴藩屬國的支持。

如果你以這個角度來觀察，在上升星座兩旁的星座位置

都顯示，對此相關人事物一無所知（如隱藏的敵人、盟友），同時，第六與八宮也代表因為疏遠，或者因為較低的社會階級（藩屬），而忽視對此相關的人事物。

　　所以，以哲學的角度來說，不合意的位置所代表生命中的人事物，我們都無法確知它們的真實狀態，如同我前面所說的，這些位置雖然與上升星座沒有相位關係（因為相位隱含著理解與清楚的關係），但是它們仍然有**其代表意義**。

　　對於古典占星家來說，不合意的意義還會用在更重要的判斷上：當行星相對於它所主管的星座為不合意時——也就是說，以整個星座相位制來判斷，行星未能與其主管位置形成主相位。請見以下之案例：

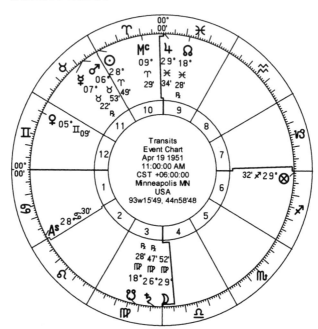

先來觀察金星。金星主管金牛座與天秤座，但在此案例中，金星（落在第十二宮）與金牛座（第十一宮）為不合意的關係，因為金星主管金牛座，金星會管理第十一宮的事項，但是她卻是不合意於第十一宮，這種情況要如何詮釋呢？以下我引用薩赫爾在《擇日書》（*On Elections*）一段生動的描述：

「因為行星無法與其主管位置形成相位，就如同一個人不在自己的家，就無法擊退或阻止敵人；若行星能與主管位置形成相位時，如同一家之主能保衛家園，無論誰落在這個位置，都會敬畏他，在外面的人也會因畏懼而不敢進來。」（《擇日書》，23b-c）

換句話說，行星與主管宮位產生相位，表示具有雙邊的關係：對此宮位與其根基。一方面來看，行星與主管宮位形成相位，代表它能保護這個宮位，能供給、並有能力完成此宮位所象徵的事物；再者，此關係也代表此宮位回饋予主星的支持；當主星是不合意的，主星與宮位都會處於危險與禍害之中，主星會變得衰弱，因其與主管位置的連結被切斷了。**供給**（providing）與**保護**（protection）就是此處的主要概念，此外，還涵蓋了：家園、主導權、歸屬等概念。上述說明，把整個星座宮位制、相位、不合意的詮釋全都帶進來了，且此處完全未述及象限宮位系統。

回到案例上，金星對第十一宮為不合意，並不是說此宮位所代表的人際關係，永遠都是不合的、具破壞性的。只有在以

時間預測技巧，如小限法（profection）（見第十三章）所預測的期間，才會清楚呈現這樣的狀況。當金星或第十一宮被引動時，通常就會發生人際關係的分離，或是當事人結識了新朋友且與舊朋友不合，或者是人際圈內出現反覆無常的狀況。這也可能僅僅代表旅行（譯註：因此在人際圈中缺席）。或者有另一種例子是，假設第四宮主星與第四宮不合意，當某個流年，第四宮或第四宮主星被引動時，當事人可能因為旅行，或是與家人間的誤解而造成關係分離。

　　我建議你可以用這個方法去觀察自己的出生星盤，把每個行星都瀏覽一遍，寫下每個行星是否不合意於其主管星座，然後思考在這個生活領域中——特別是當某個流年引動這個徵象時，你是否出現了缺乏溝通、誤解、旅行、受忽視、沒有足夠資訊的衝動行為？或是發生了此宮代表的當事人所不知情的事項呢？

練習題：請觀察此星盤並回答以下問題。此星盤使用整個星座宮位制（註31）

　　1.金星是否有不合意於它所主管的位置？如果有的話，是哪一宮呢？

2.月亮與木星是否有整個星座的相位關係呢？

3.火星不合意於它所主管之一的位置，是哪一個呢？

4.使用本章中的容許度表格，水星是否在容許度內與土星形成六分相位呢？

5.月亮與土星形成整個星座的對分相，月亮是否在容許度內與土星形成對分相呢？

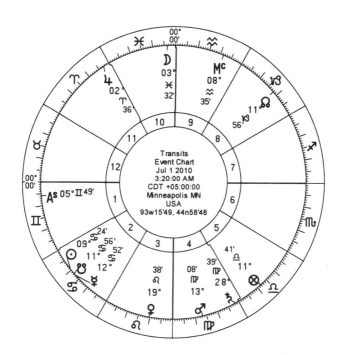

11

特殊點

許多人曾聽過幸運點（the Lot of Fortune或是the Part of Fortune），但是對於它的意義，所知卻相當有限。進入古典占星的領域中，你很快地會遇到**許多**「特殊點」（Lots）（你可將這句話變成文字遊戲──很多的點〔"lots" of Lots〕）。西元四世紀於主教保羅‧亞歷山大的時代，當時的文獻就出現超過一百個特殊點，但是占星師不會全部使用，甚至大多數的特殊點都沒有在用。以本命星盤來說，僅會用到約七個點（就看你對哪些部分較有興趣），但如果你從事的是時事占星或財務占星分析，你可能會想知道某些農產品的特殊點，例如：豆子點、糖點，透過這些特殊點來預測市場與價格行情。

到底**何謂**特殊點呢？從術語上來解釋，它代表一種**比例**，它與某個事件的發展及具體的結果有關。我們一起來看看特殊

點是如何計算而得，以古典方式計算特殊點，會比現代以代數的計算方式來得簡單。

在現代的書籍中，通常會以下列算式來計算特殊點：X－Y＋Z，而X、Y與Z都代表星盤中某些特殊的位置。舉例來說，常會看到日間盤幸運點的算式為：月亮－太陽＋ASC。以我個人的經驗來看，這不是個很好用的方法，而且無法呈現出特殊點算式中所隱含的理論基礎。以古典占星的方法來看，特殊點是依某個間距而決定的，也就是星盤中兩個位置的間距——以黃道次序所計算——然後再以第三個點（通常是ASC）為始點，往前推相等間距的位置。我們就以下圖的幸運點為例來說明。

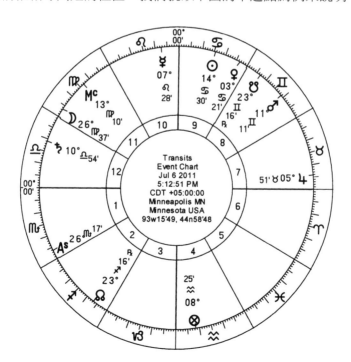

　　這是一張日間盤，因為太陽位於地平線上，幸運點是透過兩個發光體——太陽與月亮計算而來，因為是日間盤，我們便以兩者中屬於**日間的行星**（也就是太陽）為起點，依黃道次序算出至月亮的間距度數，然後，再以這個間距度數，從ASC位置往前推相等間距的位置，就是幸運點。

　　這張圖的太陽位於巨蟹座14度30分，以太陽位置往前推算至月亮在處女座26度37分，它們的間距為72度07分，ASC位於天蠍座26度17分，從ASC位置往前推相等間距度數，就會得到水瓶座8度25分。 如果是一張夜間盤，則需轉換算式，不再以太陽為起點，反而是以兩者中屬於**夜間的行星**（也就是月亮）為起點，推算至太陽位置的間距度數，再以ASC為起點，往前推相同間距的位置。

　　以這樣的方式計算特殊點，無需記得加減號，僅需記得這個算式涵蓋哪些行星，並且在日間盤與夜間盤，分別由哪一個行星開始起算，而且一定依照黃道順序為起算方向。我發現與加減算式做比較，這個方法較為簡單自然。

　　現在你已經知道如何確實計算出特殊點，接著我再提供你另一個更簡單的捷徑。由於在特殊點的許多應用上，我們僅考慮特殊點所在的星座位置，而非它精確的度數，所以我們只用雙眼去看星盤，就能計算出特殊點。當我們從太陽開始觀察，可以看到月亮所在的位置，就是太陽的六分相位置在處女座；而太陽正六分相的位置，是處女座14度，因此將此位置再加12

度，就是月亮所在位置，這表示，我們只要把視線從ASC往前移至六分相的位置，並加上12度即可。以上例的ASC往前推至六分相位置，為摩羯座26度，再加上12度，就會得到水瓶座8度。這個方式可以得出以算式算出的相同答案，但使用這個捷徑法，你就無需將間隔星座數目轉換為度數去計算，可以輕易確認特殊點所在的星座位置。

　　我們根據赫密斯所定義的婚姻點（我在實際應用上會使用這個特殊點），再來計算不同的特殊點。婚姻點是由土星與金星所決定的，因為兩者代表堅定與約束（土星）以及浪漫的愛情（金星）。假設所推算的是男性的星盤，在日間出生的男性星盤中，婚姻點是從日間行星（土星）開始，起算至金星的距離，再從ASC開始往前推相等間距的位置；但是在夜間出生男性的星盤中，卻必須從夜間行星（金星）開始，起算至土星的距離，再從ASC開始往前推相等間距的位置。在此，我們再次應用前面介紹的捷徑法：土星在天秤座10度，我們需往前推算至金星於巨蟹座3度，因為土星的對分相位置為牡羊座10度，再往前推三個星座，就到了巨蟹座10度，再減7度，就會到達在巨蟹座3度的金星。所以，我們必須先到ASC對分相的位置，往前推三個星座，再減7度。ASC的對分相位置為金牛座26度，再往前推三個星座是獅子座26度，然後再減去7度，此時很容易看出最後結果會落在獅子座。如果只是為了應用的目的，我們確認婚姻點在獅子座，就可以到此為止了。但如果我們想要更

精確的答案，也可以**繼續**算下去，此時婚姻點就約為獅子座19度（更精確的計算是獅子座18度44分）。

　　我前面提過，特殊點的應用都只考慮點所在的星座，而非考慮精確的度數，所以，如果某個特殊點落在雙子座14度，則雙子座就是這個點所在的位置。這可不是因為懶於數學計算，舉例來說，當我們使用過運時，會特別注意過運行星進入某個星座，此時，即使過運行星尚未會合落此星座的宮位始點或者其他敏感點，過運行星即已對此宮位產生影響力了；相同的，當過運行星進入到某個特殊點所在星座時，即使過運行星尚未會合於此特殊點的精確度數位置，這個特殊點的徵象即已經引動了。

　　另一項因幸運點而產生的特徵，是從特殊點（特別是幸運點）起算的整星座尖軸位置，會特別「活躍」（energetic）（註32）。以前例來看，幸運點落在水瓶座，這代表落在幸運點星座起算的整星座尖軸位置之本命與過運行星，會較活躍──也就是落在幸運點所在星座、與其形成四分相、對分相的星座：水瓶座、天蠍座、金牛座與獅子座。

　　這究竟是什麼意思呢？我們要先理解，對古人來說幸運（Fortune）代表什麼。說到運氣，我們會同時想到好運與壞運，古哲學家如亞里斯多德曾經詮釋過運氣的確切意義，下面以亞里斯多德的例子來說明。假設有一天我打算去超市，當我在挑選蔬菜、香料與雞肉時，突然有一個人出現在我面前，而

且這個人曾經欠我錢，然後，他就順便還我錢了。亞里斯多德想知道的是：是什麼讓這件事發生？發生這件事的原因是否就是運氣呢？

上述這個例子（註33）來自亞里斯多德所著的《物理學》，有一部分在闡述造成事件與改變的原因。我們知道每天日常的因子與動力造成了事件，當我們把獲得意外之財的事件稱為「好運」時，究竟運氣是什麼？它也是事件的因嗎？亞里斯多德認為運氣確實是事件的因，但卻是以非常特別的方式在運作。它具有以下的特徵：

★它不是恆常持續發生的情況（相對於每天日常、自然的因子所造成的事件）。

★它必須是有意向的，例如：有益於我們或傷害我們的。

★儘管它與選擇有關，但是它一開始所顯現的狀況，並非來自於你的選擇。

★依照自然定律，它仍舊是由無數的日常因子所形成。

我並非每天都會去超市，或者一直都待在那裡；還錢這件事確實與我做的某個選擇有關聯，但是我一開始的選擇並不是刻意地去找這個人；再來，它具有世俗價值的好壞意向與影響（拿到錢是件好事！）；而且它是由其他無數的日常因子串連

註32：見瓦倫思《占星選集》（*Anthology*）IV.7。
註33：見《物理學》（*Physics*）II.4。

而成的結果：我會去超市是因為冰箱沒食物了，他會去超市是因為天氣很好，而且他要幫母親買一些常備藥品，所以他帶著錢包出門，因為他本來排的結帳隊伍很長，所以換了另一個結帳隊伍，就變成排在我後面……等等。

就占星學的徵象，前述的說明可透過以下幾點來判斷：依幸運點的所在位置，代表會產生的事件，以及當事人是否（或何時）會參與事件？所得到的是好或壞的結果？是否從這些非他自己所選擇、卻又顯現在他面前的事項中獲益（或是受苦）？因為幸運點起算的整星座尖軸位置是活躍的，所以當過運行星以及其他預測方法引動這些位置時，這個事件的發展將會更形活躍。

另一項古典占星使用幸運點的方式，是以此來觀察一個人的社會位階高低。古典占星家創造了一種衡量條件，用來描繪人生的成功或舒適的程度，以此衡量當事人是否無需很大的努力，即可享有較高財富與社會位階？或者當事人會遭遇許多不幸且必須與生活搏鬥？象徵較窮困的一項徵象，就是幸運點落在第十二宮，為何這樣說呢？

其實，我們可以從兩個方向來看前述內容。首先，如果幸運點落在第十二宮，它與ASC就形成不合意，這種狀態會使事情的發展與機會，無法為當事人所運用；或是當事人很少在對的時間站在對的位置；又或是當機會出現時，他難以辨識出這是個機會；再者，這也代表相關的事情發展，會聚焦在第十二宮（錯誤、暗處的敵人）。所以再次顯示這種類型的機會與事

件，對當事人來說沒有很大的益處。

　　但是這樣是否就代表當事人完全無法擁有成功的人生呢？當然不是，因爲世上所有人的幸運點落入第十二宮的機率是十二分之一，所以可能至少有十二分之一的人生活困苦。這個徵象另外的意義是，當某些人的幸運點落在此處，代表生命中的困境發生之時，也是他的**機會來臨**之時。只是當事人必須更加努力地去承接機會，因爲他生命中出現的這些好運，並非輕易從天而降，所以他還是能成功，只是可能需要更多努力以超越險阻。這樣才能說明，某些人似乎遭逢命運所帶來的人生狀況，因此必須比他人付出更多心血才能有所成就（幸運點在第十二宮）。不過並非每個人都能承擔這般的挑戰，更殘酷的事實是，許多人即使付出努力卻還是失敗了。身爲職業占星師，我們應該要能指出當事人必須面對的處境，或者星盤所呈現的壞運（也就是他的生命中會出現遇不到對的時地的困境），在人生中，有時我們會被放在對的位置，有時卻不然，而這就是生命的實相。

　　在預測流年時，也會應用特殊點起算的整星座的尖軸宮位，以預測方法判斷時，當整星座的尖軸宮位參與了某個預測的時間，我們就能看到與特殊點相關的事件，將於此時顯現出來。

12

解讀星盤的
兩個判斷法則

　　有一次，我接受一群現代占星師邀請，教授中世紀的占星技巧，包含如何計算幸運點。我注意到坐在教室後方的一位年輕女士，她看起來非常沮喪，原來她已經上了好幾個月的占星課程，卻覺得很茫然。我走過去問她是否有帶自己的星盤來，她拿出一份別人幫她印的星盤，這張星盤長得大概是像右頁的那張圖：

　　我只好跟她說，先把這張盤放一邊去，專注於學習判斷方法就好。

　　在這一章裡，不是要討論怎麼樣看星盤的圖形（雖然我認為大家都應該要使用簡單明瞭的圖形），我想表達的是，好的徵象符號有助於星盤解讀。占星師是視覺動物，我們喜歡注視著星盤，但如果是一張像右頁那樣的星盤圖形，很容易會被淹

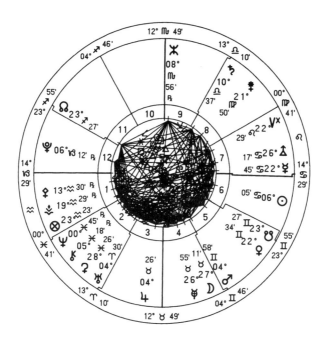

沒在這些符號、線條與細節中，我們的眼睛會看到一個徵象、接著又連到下一個徵象、然後再下一個，看到最後卻不知哪裡才是重點了。許多人為客戶解讀星盤時，也會發生一樣的情況，可能先從金星開始觀察，接著會看到金星的某個相位，循著這個相位又去觀察另一個行星，還有行星所在的星座，以及其他相關徵象等，最後，任何一個簡單的主題，似乎都與星盤中的所有徵象有關聯。這種一團混亂的符號圖形，容易影響我們的視覺與思考，讓判斷也因此混亂。

　　古典占星的好處就是它使用的判斷法則與方法。穩定的判斷法則並不會造成諮商的阻礙，或是妨礙我們幫助個案瞭解生命的意義與價值，且這些法則不會讓我們只在流行的土星議題

（Saturnian fashion）的框框中打轉；相反地，這些法則可**增進**占星師的能力，**古典占星能幫助我們阻擋雜訊，明瞭分析的步驟，而不會被淹沒其中。**

　　古典典籍通常會先定義問題，確認哪些是與問題相關的徵象，然後列出各種可能的狀況——經常是從最簡單與最明顯的徵象著手，再去分析較模糊或是次要的指標徵象，這種方法的目的，是為了讓我們可以**列出徵象的優先順序**。所以即使整張星盤的徵象都與婚姻或是手足有關，但若多數徵象的訊息都不明顯或過於表淺的話，我們就可放心地忽略。古典占星可以幫助你**放慢思緒**，且**訓練你的思索路徑**，就不會受到混亂感受的影響，讓星盤的判斷流於一堆直覺式的推測。

　　首先我列出古典占星家通常判斷行星的要點 (註34)，然後提出適用於任何星盤的兩項關鍵判斷方法。一般而言，每個行星同時扮演四種角色，當你判斷行星所代表的意義時，必須依以下的順序去觀察行星的四種角色：

★**自然或一般徵象**

　　這是指還沒有其他意義添加上來前，在一般情況之下，這個行星自己所代表的自然徵象。 例如金星在一般自然的情況下所代表的徵象為：愛情、派對、享樂、美麗、珠寶、姐妹等

註34：在此是直接引述左拉與莫林所傳授的內容，但這些內容同時也是古典文獻上常見的方法。

等，這些是我們非常熟悉的徵象。但是我們必須將行星的狀態也考慮進去，例如順行或逆行、落陷或入廟等等，從行星的狀態辨識其所代表的自然與一般徵象的能力狀態。

★所落宮位

行星的自然或一般徵象，會與所落的宮位有關聯。所以，若金星落在第十一宮，代表金星類型的朋友；落在第七宮，則代表了金星類型的伴侶或關係。同樣地，仍然要考慮判斷行星的狀態。

★主管宮位

每個行星都在某種行星狀態之下、在某個宮位之中，並主導管理它的主管宮位，以此去扮演自己的角色；若落在第十一宮的行星同時主管第九宮，那它就會以它自身的行事風格（自然徵象）與它的狀態能力，透過它所在的第十一宮（朋友）為方法，去主管第九宮的事務（精神成長、旅行等等）。

★相位

到這裡你可能會很驚訝，一般而言，古典占星家對相位的判斷是放在最後面的。相位就像是一種合作關係，但是在我們描繪這個合作關係如何進行之前，要先知道合作夥伴**是誰**，以及他們的需求是什麼。當我們要解釋水星與火星產生六分相位的意義時，除非瞭解水星與火星本身代表的意義、它們的行星狀態、它們的能量所聚焦的宮位，以及它們主管哪些生命領域，否則，我們無法完全瞭解這個相位在星盤中的意義。

以下就來看看兩項最基本的判斷法則。

判斷法則1：所落宮位的影響力比所主管宮位更直接

　　我是從我的老師左拉，以及十七世紀的占星名家莫林學到
這項法則。但是這項法則常會以這種說法表達：所在宮位「強
過」主管宮位。我卻不是很同意這樣的說法，因為古典占星家
有個缺點，常會過份應用某些像「有力」、「無力」等術語。
這項法則的重點在於（a）行星透過所在宮位的表現較為即刻
與直接；（b）當觀察某個宮位時，落在該宮位的行星，相對於
這個宮位的宮主星而言，會產生較為直接的影響。我們就以下
的星盤為例：

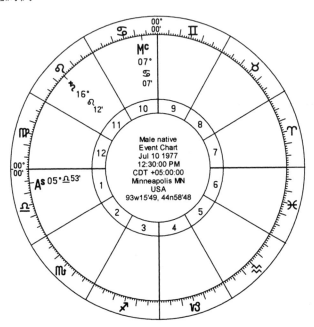

　　這個本命案例將會在第十三章與第十四章繼續討論，在此我僅簡單地聚焦在一個主題上說明。這張星盤的上升星座為天秤座，以整個星座宮位制來說，整個天秤座為第一宮。土星落在獅子座第十一宮，同時土星也主管第四宮（摩羯座）與第五宮（水瓶座）。首先觀察土星所扮演的角色，與落在第十一宮的關係，再觀察土星所主管的兩個宮位與第十一宮的連結。我們可以這樣思考：「土星在這張星盤中有哪些徵象？」它最直接的表現就在第十一宮的事項（這個方法是幫助你思索第一步的概念，因此你不會一次就去判斷許多線索）。第十一宮代表朋友與友誼，所以相較於其他人生的領域，土星最直接產生影響的就是友誼，再者，也可以說它代表土星類型的朋友與友誼經驗。

　　另一方面，我們也可以這樣思考，「這個當事人的第十一宮呈現出怎麼樣的狀態呢？」第十一宮是由太陽所主管的獅子座，但因為土星落在此宮，因此土星對於第十一宮的事項具有最直接的影響。雖然太陽的表現也跟友誼有關，但是它的表現並沒有土星來得直接。所以土星對第十一宮為立即的影響，而第十一宮受到最直接的影響力則為落在此宮的土星。

　　那麼，我們會如何描繪這些徵象呢？如果依照我們慣常使用的形容詞，會這樣形容土星類型的朋友：「年長的、保守傳統的、可靠的、較持久、有限制的」等等，但要注意它是落在獅子座。在第八章裡你已經學到，土星在獅子座為入陷的狀

態，而且行星入陷會呈現分離與敗壞，所以雖然星盤顯示土星類型的朋友，但也顯示土星類型的朋友會出現分離與敗壞的狀況，以古典而言，這樣的土星會呈現不誠實、犯罪的朋友，或是友誼會分裂離去（僅單純入陷的徵象）。

　　事實上，這是指在這個當事人的人生當中，經常遇到不可靠的、社會底層的朋友，友誼關係經常不穩定（或者這些朋友都是性格較不穩定的人）而分離，這是他的人生中常見的現象，因為這是他的本命盤。但是無論任何星盤，都必須以預測方法判斷土星何時被引動，這個徵象才會確實顯現。我們將會在第十三章中，使用小限法去判斷行星何時被引動。且土星不僅於它所在的宮位時被引動，於其所主管宮位時也會引動，上述說法引導出判斷法則2。

判斷法則2：宮主星會傳遞主管宮位所象徵的事項

　　我之前曾提過，宮主星對所主管的宮位具有管理責任，第二項法則是從這項觀念延續而來。基本上，這表示宮主星會透過它實際所在的宮位，以其不同的行星狀態與它所產生的相位等，帶出或傳遞主管宮位的代表事項。我們先從以下案例，來瞭解第二項判斷法則如何與第一項法則合併應用。

　　這張星盤的上升星座為天蠍座，月亮落在第七個整星座宮位內，而金星落在第三宮內。我們先來觀察第九宮，它是巨蟹座，第九宮代表外國人、高等教育、旅行、精神成長等

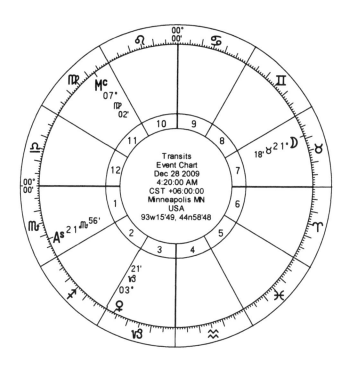

等。我們可以這樣思考：「這個人的第九宮會是怎麼樣的狀態
呢？」、「她的星盤中有關旅行、外國人等事項，會如何顯現
呢？」判斷法則1表示，行星所在的宮位比主管宮位的表現更
爲直接。所以首先應觀察是否有任何行星落在第九宮內，這
張星盤中，沒有行星落在此宮位。因此再應用判斷法則2，這
個法則指出，宮位的代表事項會由宮主星所代表。因此我們觀
察巨蟹座的主星（月亮），透過它來分析第九宮的事項如何顯
現：因爲月亮落在第七宮，代表婚姻與合夥關係，所以我們可
以說外國人與精神成長（在此僅舉出兩項第九宮事項）會以伴

侶關係的形式傳遞而顯現；或者說這個當事人的精神成長與外國人等人生經驗，是以伴侶關係作為重要的媒介顯現出來；簡單地說，就是「她生命中的主要伴侶關係會跟外國人有關。」甚至可以更直接地說「她會跟外國人結婚！」

我們也可以從其他方向來觀察這個徵象。假設我們觀察第七宮（金牛座）然後想著：「這個當事人會有怎麼樣的伴侶或是婚姻關係呢？」因為此宮已有宮內星──月亮在此，月亮會比主管金牛座的金星，對第七宮產生較為直接的影響。而最直接的影響，就是伴侶會與精神成長及外國人有關，因為月亮、它落在第七宮、且主管第九宮，所以會將第九宮的事項透過第七宮顯現出來。

我們還可以**繼續**詮釋月亮、伴侶、外國人之間的意義嗎？當然可以，一般來說我們可以判斷她的另一半會具有月亮特質，也就是月亮類型的人。因為月亮入旺，我們從第八章學到的意義是：高尚、優雅、自信、受尊敬的人，或至少會有相關聯的人生經驗。

請注意，我們尚未提到第七宮主星──金星，就已經可以做出前面的詮釋。實際上，因為月亮入旺於金牛座，我就不會太關注金星了，因為月亮（金牛座的旺宮主星）都已經落在這個宮位，它其實可以取代金星。如果我們還是要觀察金星如何主管伴侶關係，會注意它落在第三宮（摩羯座）。第三宮也是古典上另一個與精神成長有關的宮位，所以對我來說，這些重

點都跟精神性有關，可能甚至是信奉自然原理，或是關心大地環境的人（摩羯座為土象星座），也可能表示當事人是透過第三宮的關係而結識另一半（譯註：例如因為手足、鄰居、通勤等第三宮的事項）。

　　雖然不同類型的星盤（例如卜卦盤、時事盤、擇日盤）會有不同的特別判斷法則，但是各種星盤都以所在宮位及主管宮位這些基本的原則來判斷。這兩項簡單的法則，再合併運用尊貴力量等判斷，將可幫助你在判讀**任何一種星盤**時，能得到許多寶貴的訊息。

練習題：請分析以下宮位與其宮主星落入宮位位置的組合狀況，想想看你會如何詮釋它們的意義。在此先不用考慮是哪個行星以及行星狀態。（註35）

　　1.第二宮的宮主星在第十一宮內，這樣表示當事人的財務狀況會如何呢？

　　2.第十宮的宮主星在第六宮內，這樣表示當事人的職業與名望會如何呢？

　　3.第一宮的宮主星在第五宮內，這樣表示當事人的人生目標與她的興趣會如何呢？

註35：答案請見附錄C。

13

預測方法

　　在不假思索的情況下，要你說出一項現代占星的預測方法，你可能會想到的就是「過運法」。古典占星也使用過運法，不過卻是不同的使用方式。古典占星與現代占星在預測方法上的主要差異在於：（1）使用「時間主星」（time lords），以及（2）預測方法的優先順序。從過運法上不同的使用方式，剛好可以用來理解上述的差異。

　　你可能有這樣的經驗，當你注意到過運吉星對本命星盤產生緊密的過運相位，例如很美妙的金星過運於木星。你從星曆表上看到這個過運徵象即將要發生了，然後你很興奮地期待，可能甚至把準確過運日期都記錄起來，等著那個時刻到來時，將會降臨的美妙事件——但是，結果卻什麼事情也沒發生！你可能會狐疑，為何沒有出現期待中的特別經驗呢？以古典占星

的觀點來看，可以從幾個方向去解釋，爲何所期待的事件沒有發生。

　　首先，我們必須先瞭解「時間主星」的觀念。過運僅僅代表在短時間內所出現的事件，但古典的方法卻不同，幾種古典預測方法，是以一個或多個行星，去主管生命中較長期的時間區間，這些行星就稱爲時間主星。舉例來說，以「小限法」來看（見下頁），一個行星會主管人生一整年，由前一年生日起算至次一年的生日爲止；以「配置法」（distribution）來看，是以兩個行星的組合，共同主管人生較長時間的區間，最長約達十二年或更久。這種方式很像在觀察一個國家的國運時，會去觀察總統或內閣首長如何主導國家，因爲他們主宰了政治局勢，很重要的是，主事者的行事係主導著國家方向。

　　因此，在你的某個生命期間，會由這些時間主星決定此時生命的主軸，當然，這些主星不會支配每天日常的所有事件。假如火星是目前的時間主星，你不會每分每秒都遇上火星型態的事件，但是當火星的管轄期間被引動時，就會出現火星的主題事件。

　　時間主星會被什麼引動呢？通常就是過運行星引動時間主星。現代占星預測行運時，經常的首要步驟就是觀察過運；相反地，古典占星正常的判斷步驟，卻是最後才考慮過運。我們必須先確認時間主星，然後才判斷過運行星的參與。所以，如果你一直等待金星——木星的過運，卻沒發生任何事件，可能是因爲在此期間，這些行星都不是時間主星，過運如同觸發的

因子，但只對時間主星才會有作用！

以下是一般古典占星的預測方法（註36）：

★ 配置法（Distribution）

這個方法是以某個敏感點（例如ASC）或行星所運行通過不同的界（bound），以其界主星以及其所形成相位的行星，去判斷此期間的狀況。

★ 法達運程法（Firdārīyyāt）

這是一項時間主星系統（time-lord system），以七個行星與南北交點，分別主管不同時期的年歲期間，每個期間可再以七個行星等分爲七個次期間。

★ 小限法（Profections）

這個方法是以一個星座（或是一個宮位或每30度）代表一年，會特別觀察主管此位置與落在此位置的行星，請見下例說明。

★ 主限向運法（Primary directions）

這個方法是計算行星與敏感點於黃道上運行，但是以天球赤道的上升赤經度數來計算，而非以簡單的黃道度數。（註37）

★ 太陽週期法（Solar revolutions）

也稱爲太陽回歸（returns）法。以古典而言，不會單獨使用太陽週期星盤來判斷，一定要與本命盤合併判斷。古代占星

註36：完整的說明請見《波斯本命占星學 III》（*Persian Nativities III*）（附錄A）。
註37：特別參考附錄A所列馬丁・甘斯坦（Martin Gansten）之著作。

家會將太陽週期，視爲對本命的一組特別的過運星象。

★過運（Transits）

你已經知道這是什麼了！但是它通常與其他的時間主星合併使用，例如年度的小限主星（請見下例說明）。

舉例：小限法

占星師常會提到，生命是循環性地運行，而小限法就是由星盤觀察循環性的一項主要的、有力的、容易理解的預測方法。

「小限」這個字簡單來說就是「前進」（advancement），它的基本觀念是從星盤某個點，去觀察它所代表的意義，然後以每次生日前進一年的頻率，往前進一個星座，以此觀察每年所遇到的宮位與行星。多數古典占星家認爲，我們可以從任何事物爲起點來前進（例如以太陽爲起點前進，去判斷職業與名望），但是在此我只前進ASC，因爲ASC代表生命一般性的狀況。我們就來試看看它的實證效果！

以歷史發展來看，小限法有三種前進的方式：

★以整個星座。我個人就是使用這個方法，它也是最古老的方法。

★以30度遞增法。此法是由烏瑪所提出（註38）。

註38：請參考附錄A所列的《波斯本命占星學II》。

★以宮位始點。這個方法是較近期占星家所使用的。

我們來看以下的圖示，此圖說明由ASC開始前進的小限年紀（無論由哪個位置開始推進的歲數排列都相同）。

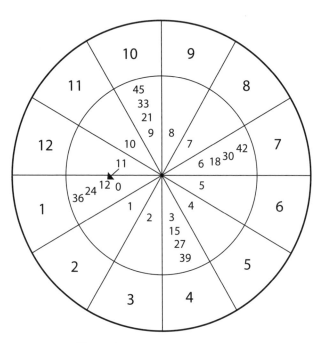

圖17：從ASC開始前進的小限年紀

內圈的數字（從0開始）代表當事人的歲數，所以從出生，當事人為零歲時，此小限年就是ASC第一宮；當他過第一個生日，也就是滿一歲時，此小限年會前進至第二宮；當他滿兩歲時，此小限年便前進至第三宮；以此類推，到十一歲時，小限年會是第十二宮；十二歲時，小限年又會回到ASC。這樣的小

限持續循環直到當事人的一生結束。我在始宮位置再加上其他年紀，你就可以一目了然哪些年紀會回到哪個小限宮位。舉例來說，四十五歲時小限年就會前進至第十宮，也就是說四十六歲會至第十一宮、四十七歲會至第十二宮、四十八歲又回到ASC。我們也可以第七宮作爲小限前進的起始點，去看當事人的關係在每一年的發展。以零歲時爲第七宮，一歲時前進至第八宮，以此類推，無論你從哪個位置開始，每逢十二、二十四、三十六、四十八等歲數時，小限年就會回到起始位置，而且每逢六、十八、三十、四十二等歲數時，小限年就會在起始點的對宮位置。

　　我們來看以下的星盤。每個年份所主管的區間，取決於你使用的宮位制，我會在之後進一步說明：

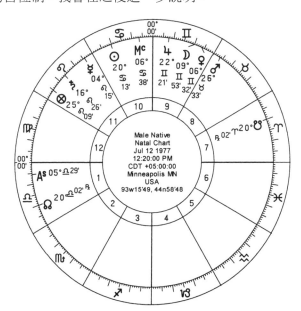

　　這張星盤的上升星座為天秤座，最常見的方法就是從ASC往前進，出生零歲時為上升星座，這代表當年度整體人生就是天秤座；一歲時，ASC往前進至第二宮，也就是天蠍座；兩歲時，ASC前進至第三宮，在射手座，以此類推。每一年都前進一個星座，直到十二歲時，又會回到天秤座。這個循環以每十二年周而復始，直到生命結束。所以，ASC在十二、二十四、三十六、四十八等歲數時會到天秤座。

　　當小限年到達每一宮時，依據前幾章所介紹的行星對應星座的主管系統，此宮位主星稱為「年主星」（lord of the year）。我之前曾提過，這就是時間主星，此宮位的主星便成為這個年度的主軸。

　　所以，當事人十八歲時，小限年會到牡羊座，火星就成了此年度的主星。我們同時也會觀察此小限年度的宮位，有哪些行星落在這個宮位，以及年度主星落在哪個宮位。依據以下的判斷方法，年主星所在的本命宮位位置，將提供進一步的資訊，以描述此年度的情況以及會帶出哪些人生領域的事件。

　　以前例來看，當事人三十歲的年度，小限年度前進至第七宮（牡羊座），跟十八歲的年度一樣，這代表我們可判斷第七宮的事項，在此年度會是重要的。且火星是此年度主星，所以一般而言，當事人在這個年度，會經歷火星的自然徵象與活動方式，以及它在此星盤中所主管的事項。第七宮代表配偶、爭議等等，此例的火星在第八宮、入陷。這些徵象表示，火星對

第七宮而言是不合意的，代表當事人的行爲會產生反覆無常，甚至常出現漫不經心、不自覺的作爲，而入陷的徵象表示他的想法缺乏計畫且不定，也無法獲得結果。實際上在此年度，這個當事人非常努力想獲得一段關係，但是反因過分努力而出錯連連，後來才明白是他自己破壞了關係，但已後悔莫及。

　　如果我們前進至二十歲，小限年爲第九宮（雙子座），我們可以判斷此年度會有長途旅行的機會。我會特別預期這件事的發生，因爲在第九宮內行星中見到金星，而金星主管上升星座，也就是說，當事人會主動進行第九宮的事項。此當事人在當年度走遍了整個國家，當然也出國旅行。

　　另一個落於第九宮的行星爲木星，木星主管第六宮，這表示當事人也會發生與第六宮有關的事項，此當事人在當年度結識了許多較粗俗、社會下層的人們。當年度的主星爲水星，因爲它主管雙子座，而水星落在第十一宮，所以他的人際關係不僅是促成旅行的因子，同時也在旅行時結識了許多朋友。

　　此當事人的小限年進入第十一宮之際（在二十二、三十四等歲數時），此年度因爲土星之故，當事人會遇上許多不可靠的朋友而帶來麻煩，友誼也隨之分裂；相同的，當小限年進入由土星所主管的宮位時（第四宮與第五宮），也會引動土星，因爲土星主管這些宮位，且土星爲入陷，它顯示家庭的分裂與問題（第四宮），相同的經驗也會產生在玩樂與派對

（第五宮）等事項上。

　　實際上，在當事人二十二歲時，前述的人際關係問題，也都與第四宮及第五宮的事項有關，因為土星的主管位置會將家庭、房子、娛樂的關係，都帶入這些情況中。

　　如果你使用其他兩種小限法，可能會得到不同的結果。舉例來說，以整個星座宮位制，第十宮為巨蟹座，以整個星座前進小限年至第十宮時，此區間僅涵蓋了巨蟹座，以及任何落於此星座的行星（太陽）；但是如果你使用烏瑪的30度小限法，此小限年的區間，會涵蓋巨蟹座5度29分至獅子座5度29分，因為水星落在獅子座4度15分，係落在這個範圍之中，所以以烏瑪的小限法來判斷時，水星就會成為此年度需觀察的主星之一，但是以整個星座制來判斷時，則不考慮水星。

　　如果我們使用的是象限宮位系統，也會出現相同的差異，這個方法不是以一年一個星座，或一年30度來前進，而是每年由一個宮位始點，前進至下一個宮位始點，並觀察落於此宮位內的所有行星。

　　此方法會產生次序不規律的年主星，因為如果前後兩個宮位始點落在同一星座上，會形成同一主星主管前後兩年，而且如果在兩個宮位始點之間出現劫奪星座時，此劫奪星座的主星將永遠無法成為某些歲數的年主星。

　　無論你選擇使用前述哪一種小限法，小限法的好處是，你無需使用星曆表就可以判斷，因為你的本命盤已經涵蓋了每年

人生的主軸（註39），而且因爲小限法是每十二年即重複循環，
你可以回想十二年前，觀察此年度爲你儲存了哪些狀況，便成
爲預測當下年度的重要提示。

註39：此處完整的判斷，應加上太陽週期之合併判斷，在我的著作《波斯本命占星學 III》中
　　　有所討論，也可至我的網站下載演講內容（http://www.bendykes.com）。

14

簡單的
案例研究

　　讓我們把之前所學的內容，應用在右頁這張前幾章已出現
過的星盤。我不打算瀏覽這張星盤的所有徵象，但會聚焦在此
星盤的基本徵象上，特別是上升星座與其主星。

　　首先，我們來看看這張星盤中，哪些行星與星座是凸顯
的？金星與木星這兩大吉星都在第九宮內，這裡本來就是對
當事人有益的位置，但卻是果宮且力量弱。金星與木星都是外
來的且落在雙元星座上，這表示是不安定的、且不在適當的位
置，都需要依賴它們的主星（水星）幫助它們運作。土星與火
星兩個凶星都是中等力量，但火星落在對當事人不利的位置，
且為入陷，土星在第十一宮也入陷，會帶來友誼與願望的困難
（我們前一章說過）。唯一落在始宮宮位的行星為太陽，在第
十宮，也是外來的。

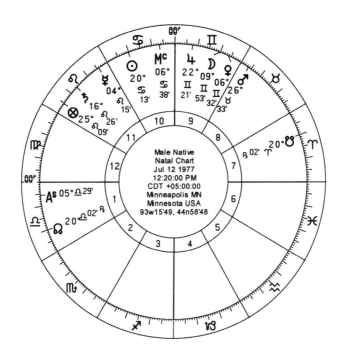

Male Native
Natal Chart
Jul 12 1977
12:20:00 PM
CDT +05:00:00
Minneapolis MN
Minnesota USA
93w15'49, 44n58'48

　　尖軸敏感點的度數都落在啓動星座，且ASC主星（代表了當事人）則落在雙元星座，月亮也在雙元星座上，太陽則落在啓動星座，影響當事人生命的主要力量，都落在啓動星座與雙元星座上。

　　所以，有關這張星盤的第一項判斷是，此當事人的人生會有許多變化與轉換，當事人希望能不斷地旅行，因爲啓動星座特別容易促使事情向前邁進，但是強力凸顯的雙元星座（而且沒有行星得到尊貴力量）卻同時呈現不確定性。如果行星能落在自己的廟旺位置，會呈現較爲自在與自信。在果宮的吉星

與續宮的凶星，正提醒我們——世俗的好事所獲較少，且稍縱即逝，而世俗的壞事卻較為顯著（此處需留意凶星都在固定星座上，也代表這些事情會持續較久）。但是請記住，即使吉星是外來的、落果宮，吉星仍然是吉星，它們仍會產生世俗的好事。所以不論它們存在的問題，第九宮（它們所在的位置）仍是一個產生好事與歡樂的來源，即使它同時也存有一些問題。

以上僅是這張星盤的概略輪廓。更深入分析時，我們必須觀察行星的位置、主管宮位以及相位。如果從上升星座開始分析，我們要先觀察天秤座。天秤座是啓動星座、風象星座、由金星所主管，它也是一個社交星座，因為它是啓動星座，就不會想要停止不動，而是四處移動——它會想要開創、去進行一些事情、很快速地從一件事跳到下一件事情上。因為它是由金星所主管，會增加它的社交性格，這項能力的展現，讓它自覺完整且能掌握，這對當事人來說是很重要的。

ASC的主星是金星，因為它主管上升星座，代表當事人的生命與能力的展現，且透過行星狀態、所在位置、相位等等而呈現。通常來說金星是一個快樂的行星，喜歡社交、有藝術美感，所以當事人會透過金星型態的人們與經驗，滿足他的天秤座需求。那金星落在哪裡呢？就在第九宮。因此第九宮的事項，就會是當事人滿足其天秤座與金星需求的最直接之領域：旅行、外國人、高等教育以及信仰、法律等等。我特別留意第九宮內有兩個行星——金星與月亮，且與ASC形成度數相當緊

密的相位。對當事人來說，這表示金星、月亮與第九宮的能量特別重要，也特別容易獲得。

我們再多觀察一下金星，它與月亮以緊密度數會合，而月亮主管第十宮，這表示當事人對自己的感受（金星），會與自己的事業目標與成就肯定有所相連。你是否注意到太陽在第十宮呢？這經常是獲得大眾矚目的徵象（無論是透過政治、電視媒體、娛樂圈或者就是名人），所以第十宮的主星月亮，以緊密的度數與ASC及ASC主星形成相位，是古典判斷上會成為公眾人物的徵象。但月亮對於第十宮來說是不合意的（代表不穩定與毀壞），而且月亮還呈現「外來的」問題。幸運的是，無論月亮或金星同時都（以離相位〔separating〕）得到水星的容納（reception），所以水星可幫助金星和月亮的穩定。因為水星落在第十一宮，它最直接的影響力會來自朋友，所以我們可以判斷，當事人會得到來自朋友的幫助，達成藝術美學能力的展現與社會地位。

再談到水星，它落於第十一宮（朋友）且主管第九宮。還記得在前幾章曾做的練習嗎？我們可以這樣思考：「這代表他會遇上哪些朋友呢？」肯定是水星類型的朋友，同時也會是外國朋友（第九宮），所以我們會特別期待，外國友人可能在協助當事人完成生命目標上，扮演著重要的角色。

請注意我們僅聚焦在星盤的某些特徵上，也就是ASC與其主星，就能夠對此當事人的生命有個輪廓了，我們也描述了他

對人生的期望、他生命能量的展現型態，同時判斷出他潛在的問題，這些都可與當事人討論。至此完全都沒使用到的，竟然就是以他的太陽星座「巨蟹座」去描繪這個人。

這位當事人是一位兼職的專業歌手，他很擅長社交、喜歡認識新朋友和在舞台上表演，而且經常有旅行的強烈衝動，他也結交了許多新朋友，並因此得到助益。但如同我在前幾章曾提過，他的人際關係也呈現反覆無常的不定狀況，當他旅行時，也結識了不牢靠的朋友，更遭逢不尋常的災難。這些都肇因於土星入陷在第十一宮內，且主管第六宮的木星入陷在第九宮。當然，這些人生事件不會總是一直出現，但是在某些小限年度被引動時，特別會發生這些情況。

此當事人在三十一歲時來找我，想得到一些建議，他想搬到其他國家生活一段時間。在三十一歲時，他的小限年進入第八宮，你可以看到第八宮內有個入陷的火星在此，這看起來像是做出人生重大決定的好時機嗎？當然不是，因為火星落在此年度的宮位上，它的能量會被引發，但這個能量卻完全沒有任何幫助。火星確實表示旅行，因為它代表分離，但是它入陷在第八宮，顯示恐懼與困難，也可能有金錢的問題（它主管第二宮，且第八宮為債務的宮位）。因為第八宮為金牛座，表示此年度主星為金星，而且它落在第九宮，同時也是ASC主星。而落在第九宮，則進一步顯示此當事人可能無論如何都會去旅行；並且因為它主管ASC，顯示這個旅行的計畫與他的人生目

標有緊密的關聯性。所以，我不確定他是否會聽我的建議。

　　我建議他等一年之後，直到他的小限年進入第九宮，兩個吉星都在此時再去旅行，雖然他尚未買好出發的車票，但那時他心中已下定決心要出發，我問他：「爲何不能等一年後，你的經濟狀況較爲穩定時再去呢？這個決定似乎有些倉促。」實際上，他很難解釋清楚爲何他決定要搬離這個國家，但是他跟我說了一些狀況，符合了星盤所看到的徵象，在我看來事情就變得合理了，他說：「我覺得儘管這是個冒險，但如果現在沒去做，我怕我會失去這個機會。」這就是一個有凸顯的啓動與雙元星座、第九宮徵象的代表性例子。他很不安定，卻下定決心要進行一個戲劇性的旅行，但是他的內心同時也懷有不安全感與躊躇。

　　最後，他還是進行了原定計畫，儘管他確實得到歌唱的工作，生活也獲得許多樂趣，但幾個月後，他卻遭遇嚴重的打擊，因此散盡所有錢財，最終只能在農場裡靠勞力過活，人生非常迷惘，不知道自己下一步該何去何從。這些生活狀態符合了他的第八宮小限年的徵象，也符合三十二歲進入第九宮小限年開始時的徵象——還記得木星入陷在此，而它主管第六宮（勞動、苦難）。後來他在第九宮小限年回到美國，這也帶來一些好運，因爲他的小限年進入第九宮，在此宮見到金星與月亮（第十宮主星），他突然得到歌唱的機會，並且是在他自己的家鄉演出，事業也因此起飛。

　　這個案例僅運用了一些簡單的法則與概念，便可以演繹出
許多具體的資訊，同時也提供了更深層內在的探索，可與當事
人做進一步的諮商。儘管星盤上的徵象，多數並非來自當事人
的想法，但是當事人的認知仍可見於星盤中。以此例子來說，
是否去旅行的決定是取決於他自己，但是他的說法與星盤的徵
象都顯示，無論如何他都不會聽我的建議——至少在這一年當
中。我是否該建議他等待好時機再去呢？身為占星師，我當然
應該這麼做，但是我知道這可能改變不了什麼。如果他聽從我
的建議呢？當年主星火星所象徵的其他類型事件就會發生，但
可能不是現在的這件事；或許是上天的安排，他注定要去旅行
並經驗這些事情。然而占星師不是上帝，我們僅是會解讀這些
徵象的人，而客戶也是基於他們的天性以及對環境的看法，做
出了他們自己的決定。

15

古典占星的
常見問題

在這個章節，我會回答許多古典占星常見的問題與挑戰，雖然我會盡可能回答，但其實這些挑戰，經常是來自不同的**哲學價值觀**，它不單單只是從學理上去討論某些方法是否有效，或是討論外行星是否重要等技術性的問題。

讀者可能會發現以下的問題有重疊之處，我想是因為這些問題都圍繞在一些主要的爭論上，特別是從心靈層面上所認知的好壞、預測與選擇上的關聯性（例如，宿命決定論），以及古典占星是否著重判斷星盤甚過關懷當事人。我雖然已在其他章節提過相關的內容，但我認為這些內容，仍值得在此以不同的角度再說明一次。

1.古典占星大多在挖掘負面與不好的事

　　首先，我們應分別從命運與自由選擇上去分辨好與壞。好與壞的判斷，係來自宿命論或自由選擇論的兩種哲學觀。可能是命中注定我們會發生一些好與壞的事，也可能是因為我們自由地選擇了這些好事與壞事。這兩種價值觀的看法是不同的，我之後會再分別討論宿命、自由與選擇。

　　古典占星本質上不會特別去挖掘不好的面向，它只是反應了好壞交織的眞實人生，人生很少只有極端好與壞的一面。結婚被認爲是好事，擁有事業也是好事一樁，但是如果結婚後養兒育女，意味著得放棄事業，這不就是一種好壞交織的狀況嗎？人們對於不好的狀況會特別留心，因爲感受較爲強烈，但有誰會認眞細數願望成眞的好事有多少呢？所以，這個問題並非來自古典占星，其實是來自於人性本質。

　　但有人會認爲，古典的**文獻**都在探討負面事項。實際上，古典文獻一直都是透過各種行星的配置狀態，來判斷極好、極壞，或是一般普通的狀態，占星師可以依據行星由好至壞的力量評比，判斷各種的可能性。再者，界定實際的問題何在，也是占星師應盡的道德責任，因爲要幫助他人解決問題，勢必得清楚界定問題何在。我曾經聽過一位占星師說他所讀的早期現代占星書籍寫道：「不論何時，看到負面徵象都將它丟出你的腦外。」很不幸的，這正是廣爲流傳的現代占星所深信說法的

縮影：**你只要擁有正面的人生態度，去做任何你想要做的事，你一定都會成功的**；或者是，**你一定能創造出自我的價值**。在這種不實際且不負責任的態度之下，占星師所給予的，其實是無濟於事的建議。

還有一個奇怪之處，很多現代占星師反而經常會去挖掘陰暗面，這可能是因為人性中某部分會著迷於神祕的陰暗面與死亡。你是否留意過，現代占星的主要內容，常在探討三個新發現的凶星：天王星、海王星與冥王星。

儘管很多人說海王星代表高層的心靈意識、天王星能革除無用的規範、冥王星可以轉化重生，但我卻很少看到現代占星師以此正向的說法，去詮釋星盤中的外行星。很多現代占星師一打開星盤，第一件事情通常就先觀察外行星的位置，找到當事人的妄想所在（海王星）、破壞性與反對（天王星），以及暴虐與傷害（冥王星）。

我們甚至可以說，現代占星透過這三個外行星與其凶星特質（而且被誇大了），成為——革命、靈性、潛能這些概念的跳板（譯註：當我們面對三個外行星所代表的凶星困境——反對、妄想、暴虐，必須以其正向的特質——革命、靈性、轉化作為跳板，才得以超越困境）。以此而言，正因為現代占星的核心概念，外行星才必須扮演凶星的角色。

2.關注事件勝過於關注客戶的潛能

「古典占星師都過度地關注預測具體事件，似乎人們都沒有選擇自己人生的能力，為何你們不能關注在人們的潛能上呢？」

實際上，古典占星師是非常關心當事人潛能的，這其實取決於當事人如何經營自己的人生，如何去運用在星盤上已顯現的許多事物。這也跟我會在問題3與問題4所討論的「已被決定的類型」（determinism of types）有關。在此，我要先談談何謂潛能。

簡單來說，「潛能」這個字就是「力量」、有能力去做某些事情，或有能力能讓某些事情發生；但是「純粹的可能性」（mere possibility）與「有意義的潛能」（meaningful potential）之間，卻有很大的差異。舉例來說，我有可能成為英國女皇，這就是我所謂的「純粹的可能性」。它不是一個非常具有意義的潛能，這件事若要能**成真**，必須大幅修改英國的法律，還需要變性手術，加上難以計數的過程。如果我的星盤中有許多徵象顯示我具有很尊貴、很高的地位，占星師是否可以跟我說，我擁有成為英國女皇的潛能呢？當然不行，如果缺乏實際徵象的資訊，只談論純粹的潛能，就會成為抽象空洞的說法，與做夢和空想無異了。

有些潛能僅僅具有意義，必須等到我們使它與周圍事徵連結起來，才能**成真**。如果你兒子的老師告訴你，你兒子並沒有活出他的潛能，這表示要使他的特質與環境搭配適宜，讓他得以發揮能力，但並不是說他具有各種可能的潛能。在眞實的人生中，我們的天賦是透過我們**確實**所爲，以及我們眞實能力所及的事來定義的。當中還包含了失敗——如果我們有能力，也應該有某些作爲，但是因爲我們自己的選擇而失敗了，這種狀況也同樣會用來描繪我們的天性。所以我們需要界定眞正的潛能，而非不可能完成，或是極不可能去做的純粹可能性，那是全然無益的。

在古典占星中，我們高度重視確實能實現的潛能——這點在擇日占星學更爲眞切，這代表在當事人的環境與特質的基礎上，聚焦於他有能力而且非常可能選擇的潛能——這些內容是透過星盤的判讀，且與客戶諮商而來。現代占星也做著相同的事：分析一個人具有怎麼樣的特質，卻以純粹的可能性來看，他能做任何事，然後透過占星師的諮商與說明，使客戶覺得會有好機會。矛盾之處在於，占星師分析了當事人的天賦特質，最後卻告訴他／她具有潛能，可以去做任何與天賦特質不一致的事。

最後，我們應該認清，潛能的方向要朝向一般認知的正向事物（相較於負面的事項）：提升精神靈性與智慧、財富、有好的親密關係……等。通常人們也會有朝負面事物發展的潛

能。我們可能無法阻止希特勒實現他的潛能，但是不代表我們應該鼓勵他變成希特勒，只因為他具有這項潛能。所以，我們應該認清潛能本質的重要性，並非當事人的所有潛能，都值得去實現發展。

3.行星無法限制我的行為，你們不可能預測我的行為反應

「古典占星總想要去預測行為，但是占星僅僅是一種詮釋符號徵象的語言，它無法說明我將會如何行為與反應。」

首先，我要說的是：**當然**，占星師就是在預測人的行為反應（或是回溯過去的行為），甚至現代占星師也在做同樣的事。其實，行為預測就是我們主要的任務，即使在占星學以外的領域，我們也經常在做行為預測：父母經常預測小孩的行為、人們經常會推測朋友或他人後續的反應會是如何。但是要理解占星學是如何進行行為預測前，我們必須更仔細去探討，當詮釋星盤的符號徵象意義時，它其實也暗示著行為的方向。

當醫生檢查症狀時，症狀等於是徵象，是某些事物的表徵，但是因為許多疾病都有相似的症狀，所以醫生無法透過單一的症狀，就直接指向某一個疾病；反之，如果把症狀當作是一個**類型**，就能縮小可能性的範圍。醫生無法直接見到病症本身，但是他可以看見某些徵象，只要有愈多徵象顯現，他就愈

有把握分辨並預測疾病的發展方向。

　　就占星學來說，占星師所做的事差不多也是如此，單純的占星學徵象本質上是無意義的，除非它們能分成幾種性質獨立各異的類別徵象。金星可能代表某一個範圍內的許多種徵象，也代表某幾種的行為反應，但是金星一定與土星、水星不同，占星學據此發展出各類定義明確的行為模式。如果一個徵象能夠代表所有的事物，那這個徵象對任何事物來說，就不具有代表性了。

　　在實務應用面上，即使我們本來要詮釋某個主題，但最後還是會導向行為預測。舉例來說，假設占星師看到一張顯示婚姻徵象的星盤，因此預測婚姻的可能性，但是這個預測其實是因為當事人顯示出想要結婚的行為，所以才會有婚姻的徵象。再假設某張卜卦盤顯示會得到新工作，這個預測其實包含了當事人與雇主同時性的交互行為，因此產生了僱傭關係。相同的，即使我們聚焦在心理徵象上，我們也是透過當事人心理層面的動機、態度、價值判斷，間接地去預測行為。所以，任何一種占星學理都是在預測行為。

　　但是前述的說明，不代表每一種行為可被預測至精確的細節，我們無法從星盤預測，我會以右手或是左手去拿三明治來吃，或是預測我會花三十秒還是一分鐘來梳頭——預測這些行為對占星學來說是沒有意義的。例如時事占星盤應用的法則，是預測大眾的行為，就難以聚焦在個體明確的行為上；但是在

一般狀態下，結婚、就業等等，不管哪種學派的占星師，絕對都會預測與分析行為，且我們應該在所能預測的行為範圍內做判斷即可。

我們無法從占星學得知，這世界到底有多少部分早已經被命運所決定了。事實上，我們只能從占星學看到類型而已。或許這個世界實際上有很多、或很少的部分已經被決定了，但是我們必須承認，透過占星學，我們至少能判斷的假設是：**已被決定的類型**，如果缺乏這項最基本的假設，解讀星盤就沒有意義。如果世界完全沒有已被決定的部分，或者人們實際的行為本質，全部都來自於無法預測的自由意志，那麼我們可能在青春期，甚至是更早時期的生命歷程，就已經跟本命盤的徵象完全沒有關聯性了。

4.命運與選擇：古典占星家是否摧毀了生命正向選擇的可能性？

「因為古典占星家宣稱他們的預測會精確產生具體的結果，這些說法暗示人生是命定的，這樣會摧毀生命往正向的選擇能力。但是，人們的確有能力做出正確的選擇，所以，認同宿命觀的古典占星師其實完全錯了。」

針對這項爭議最簡單、直接的答案是：其實古典占星與選

擇能力之間並沒有矛盾。為了解釋這部分，我必須先澄清一些混淆的**觀點**。

首先，做出正確與具體的判斷，與相信宇宙是命定的，其實是兩回事。正確的判斷的相反詞是錯誤的判斷、具體詮釋的相反詞是模糊不清的說法──這些都跟事實與細節有關，無關乎命定的觀點。我們本來就應該期望占星師能以正確與具體的判斷去幫助客戶！否則，我們就不能宣稱能幫助人們瞭解人生的現狀。無論是應用在本命盤或是預測流年上，都需要這樣的能力。

再者，只要我們能將物質性與道德上的行為放在對的位置，即使是命定的觀點與選擇的能力之間，也沒有矛盾之處。很多人認為，只要是具有全然自由的能力所做的選擇，都具有良善的價值（具有道德上的品德）；許多人的認知是，道德上的良善決定，必須奠基在絕對的自由，與不受宿命左右的能力，才能創造出全然不同的結果。但是這樣的觀點會引導出一些奇怪的結論。舉例來說，假設我搭乘火車時，隔壁坐著一個男人，我有全然自由的能力可以選擇殺他或是不殺他，這兩種決定對我來說都是相等可行的，但這樣表示，如果我沒有殺他（這是一個正向的判斷），我的確就做了一件好事，因為我本來可以毫無原因地殺他，但我沒有選擇這麼做。由前述的觀點來看，我的善良決定建構在**這種古怪的邏輯**上，它跟我們原本正常對於良善與選擇的觀念是不同的。在真實生活裡，我們會

去讚美他人，不是因爲他們**不會毫無理由去殺人**，而是**遠超過此的品德**。沒有人會去讚美一個軍人，只因爲他本來**可以選擇**在戰場上尖叫並逃跑，但是他沒有這樣做；相反地，我們會去讚美一個軍人以沉穩態度面對他的職責，並在他可被預見的人格特質上，做出職務的判斷與選擇。也就是說，他的人格特質本具有的品德，使他根本不會選擇尖叫逃跑。

相較於全然自由的狀態，我提出有另外一種觀點。我們可以說我們能否做出正確決定的責任，其實奠基在我們實際上是怎麼樣的人、具有何種人格特質；也就是說，我們並不是因外境被迫去做選擇，而是我們的人格特質會跟世界以某種方式產生交感，因而做出只有獨特的自己才會有的決定。

這個觀點在一般的宿命觀，或是較爲嚴謹周詳的斯多葛宿命觀，都能找到共通性。我們無須去相信，完全不受宿命決定的自由意志，才能產生良善正向的選擇；這個世界可能大部分都已被宿命所決定了，因爲人格習性是經過長時間發展養成，所以甚至我們的行爲，大部分也已被宿命所決定──但這些行爲是來自我們自己，所以我們必須對自己行爲的意義，與所造成的事實負責任。

沒有任何一種占星學理能告訴我們，宿命是否**實際上**已經決定了這個世界所有的細節，這也就是斯多葛所認知的基本觀點。這是從形而上或唯物的角度來談的問題。假設斯多葛的基本觀點是對的：因此，整個世界的狀態是由我們的選擇而生，

而這些選擇本身也是始於我們的習性。但是，沒有占星師可以宣稱他能描繪出全世界的整體狀態，反之，我們只能從**類型**去描繪它。

當占星師進行事件與行為的預測，也是使用類型來判斷。我們假設有些事件發生，係因人們產生關聯性的行為，而造成這個事件。在某些狀態下，因為我們描繪星盤中的人格特質與個性，就可以判斷當事人會做的決定，但是我們無法總是都能從星盤去看到：誰正在做什麼？我們即刻發生什麼事情？我們對於將發生的事情會有的反應？或是對於星盤中沒有顯現的事項，我們將會有怎樣的決定？身為占星師所能做的是，就其選擇相關的類型去定義事物，但是我們不會以無關的事物類型，讓這些判斷變成無關聯性或無意義的狀況。

我在此提出兩個例子來說明。假設我預測一個客戶，她最近在工作上會遇到小人對她有敵意，這個客戶無法控制這個小人的存在與否，但是她可以選擇採取激怒小人，或是避免與小人產生衝突。我可能會依據她的人格特質，建議她應該採取的行動，我仍然必須警告她要注意小人的存在，但最後還是由她自己去做下一步的決定。這如同氣象預報會下雨，並建議大家出門帶傘，有人會帶，但也有人就是不會帶。

另一個例子，假設我從某張星盤預測當事人會在某個時間結婚，我可能預測到的是一個法定的婚姻形式，或是與婚姻型態相似的事件。如同前面說過的，當我預測到婚姻的產生，

其實是當事人會做出某些行為，而產生婚姻型態的事件。這個型態之下還有多種可能的狀況，但我的工作就是預測出這個型態，即使當事人終究會結婚，我無需明確說明當事人會做怎麼樣的行為；就算我還是可以說出她會做哪些事，她仍然可以主控這些決定，也必須為自己的決定負責任，因為這些決定是來自於她天性的人格特質。

　　所以，古典占星其實與多種宿命觀及選擇決定權的觀點並無矛盾，因為占星學僅在型態與類項的層次做討論。但是，古典占星與完全不受命運決定的自由意志的觀點是相違背的，因為這種自由意志的觀點，本身就存有道德上的問題。所以，占星師可以做出精確具體的預測，但也不會否定客戶本身具有做出正確選擇的能力。

5.難道現代占星不會較適合現代人嗎？

　　「占星學反應不同時代的人們以及進步的狀態，古代占星學的發展適切地反應了當時環境，但是現代古典占星家仍反覆地引用威廉‧里利，與其他古典占星家的內容，這些至今已有三百五十年至二千年之久的古老占星家的教導，仍然適用於我們現代人嗎？」

　　確實，相較於三百三十年前的環境，現代世界已經有許

多不同了；相同的，我也不能應用現代占星精確地描繪五百年後人們的生活狀況。但是占星的改革存在一個爭論，現代占星學引以為傲的一項假設是——現代人們已改變，但這並非是事實，現代的人們並沒有真正地改變。舉例來說，二十世紀的「心靈改革」，是否能解釋這個世紀的極權者屠殺了數百萬人的事實，甚至經常是自己國家的人民？以占星學的角度來看，現代人所關心的事情，本質上跟二千年前的人們還是一樣：我能幸福嗎？能擁有名望嗎？能結婚嗎？能富有嗎？依據這些問題，古典占星家所給予的建議，不僅是現代精神靈性的單一面向而已，古典生命哲學思想不僅適用於過去時代背景，其實也適用於現代，這在第五章介紹的兩種哲學思想中已經討論過。

　　另外，現代對於過去人們的行為與想法還有許多誤解。例如，假設過去人們一直活在恐懼中，所以他們渴求占星的預測，以掌控他們的生活環境與生命。但實際上，古典占星的教導是，我們都是浩瀚宇宙整體的一份子，我們其實無法掌控每件事，占星師能做的，最多就是幫助人們找到好的時機，理解事情隨著時間的發展，何時能有所獲、何時該放手。這就是過去與現在人們的真實狀態。試想看看，某些**現代**占星宣稱我們具有無限的潛能，可讓我們創造出自己的未來，這不正是想全面掌控事物的人生態度嗎？

　　從歷史來看，現代占星並非改革與發展古典占星應用性的產物，並不是因為現代占星的進步與發展，讓我們在實證上有

更有用、更具驗證性、更好的技術等等，相反地，實際上是古典占星**消失了**，而現代占星被**發明**出來了。所以當我們提到像里利這些占星名家時，我們**並非因為他們是古人**而景仰他們，而是因爲這些古典占星家，勤勉地處理我們今日仍遭逢的相同問題。我們盡力地**重新發掘**這些古典的方法，去幫助來求助的客戶，而他們在意的人生事項，與古希臘、中世紀波斯、文藝復興時期的英國，以及現代台灣的人們所關心的事情是一樣的。人類人生問題的確切細節確實改變了，有些人生建議或許較合適現代社會，但生命關切的主題始終是古今相通的。

6.古典占星既複雜又過分簡化

「你們古典占星家都使用那些複雜的判斷法則、尊貴力量、類象，這些全都是無用、難懂的內容，而且，你們的判斷卻又簡化成黑與白、yes or no的答案。」

生命本質就是複雜的，所以對照生命現況所使用的分析方法與字彙是重要的，**如果我們的字彙與類象不夠豐富，我們就難以精確地詮釋星盤與事件**；古典占星所使用的，就是一個豐富的字彙類化系統，才足以貼切地對應生命的複雜性，**同時也**給予客戶關於未來的適當建議。如果缺少了這些類化系統，例如尊貴力量、不合意位置、吉凶星，會少了很多可對應生活狀

態的類象。舉例來說，金星可以代表很多事物，但是在性魅力與性濫交之間的差異是很大的，如果不使用尊貴力量與其他分析工具，我們就只能說：「這個行星可以代表很多狀態，我想就由你自己去決定哪一個狀態最能代表你的真實人生囉！」對於一個很關心自己感情生活的人來說，這樣的建議是非常沒有意義的。

　　生活本來就充滿許多具體的事件，而這些事件是否發生也是具體呈現的：我去年會懷孕，或者我不會懷孕；我會得到工作，或是我不會得到工作等，這些具體事件經常出現在生命中的灰色地帶。如果我問了一個卜卦問題——我是否能應徵上這份工作，我絕對期望卜卦結果是一個yes or no的答案。且多數的答案，其實是透過占星師精確地反映生活複雜的面向，推敲而得的。這個答案可能是「你不會得到這份工作，因為星盤顯示有其他人來干擾，讓這個老闆改變了她的想法。」或者是另一種答案「你會得到這份工作，但是你並不喜歡這個工作內容。」這樣的答案都是以貼切對應的因子，判斷出具體的指示與結果。

　　但是，絕沒有一個負責任的古典占星師會看了星盤，然後跟你說：「這個答案是不可能的，現在諮商結束。下一位！」

SPECIAL FEATURES

part 3

特別收錄。

訪談

班傑明・戴克與
古典占星的復興風潮

妮娜・葛瑞芬（Nina Gryphon）
採訪撰稿

　　很高興能訪談古典占星家與古典占星文獻譯者班傑明・戴克博士，他於西元2007年出版了中世紀占星名家古德・波那提的著作《天文書》的完整翻譯（第一本英文譯著），且於上個月（2008年7月）出版了西元八、九世紀的占星名家——薩爾與馬謝阿拉（Sahl and Masha'allah）的譯著。

　　班傑明的占星學師承於羅伯特・左拉，並獲得AMA學位，他也在伊利諾大學教授哲學，目前在明尼蘇達為職業占星師以及全職譯者。

　　妮娜・葛瑞芬（問，以下簡稱為妮娜）：可否談談你開始進行翻譯的原因，以及你預定的完整翻譯計畫為何？你希望能達到什麼樣的結果？

班傑明・戴克（答，以下簡稱為班傑明）：幾年前，我開始跟著左拉老師學習中世紀占星學。當時，中世紀資料的英文譯本相當少，因為我在高中、大學時期讀過多年的拉丁文，便對翻譯這些資料很感興趣。2004年或2005年時，我在一所大學圖書館中發現了阿布・馬謝的著作——《Flowers》拉丁文版，這本書當時尚未被翻成英文，我決定試著進行翻譯工作，結果從中得到了很多樂趣。我發現翻譯這本書真的很愉快，我想，如果我可以進行這些書的翻譯，將會對很多占星師和我自己都有幫助。說到這裡順道提一下，我的下一本書中將會包括《Flower》的校訂本。

當時，我還遇到一位朋友，於二、三十年來專門收集阿拉伯文和拉丁文的手稿，他多次想要翻譯、校訂這些手稿並印刷，但遇上許多困難。

我跟他提到我很想翻譯波那提的資料，剛好他就有波那提於西元1550年出版的副本，因此他給我一份影本，並鼓勵我進行翻譯。我發現這實在太令人著迷了，翻譯它的時光真是美好，也因此開啟我後來的翻譯計畫。

我從波那提的引用文獻，一路延伸至其他的典籍，從各個不同的圖書館內所收藏的微縮膠捲中，收集到這些資料。因此，在翻譯波那提的過程中，我突然發現自己不僅是在翻譯，同時也在整理、檢查其他更多的典籍資料。這也使我產生一個想法：除了解析星盤，我需要、也想要繼續進行翻譯。一方面

是我自己的興趣，一方面是因爲中世紀資料極少有英文譯本，我剛好在此時被賦予這個機會。

妮娜：我想你確實在翻譯過程找到了樂趣。你覺得有趣的地方是什麼呢？最令你有成就感的是哪些事呢？

班傑明：首先，我發現很多以前沒有見過的內容。例如在左拉老師的課程中，有波那提和其他作品的部分翻譯資料，但無法得到每項主題的完整內容。這並非對此課程的批評，因爲全面、完整的翻譯，是一項大規模的任務，沒有課程或講座能介紹這麼龐大的資料。

我從中發現了新東西。我發現更多的古典宇宙學和概念，這讓我十分感興趣。翻譯這些內容時，必須非常注意每個字，這意味著譯者並非僅從書本標題略讀而已，還必須仔細探究占星師確切的說法，研究書中每個部分與其他部分的相互關聯性，所以，這有點像是偵探的工作，有些則是學習的過程。

另一項既有意思又很重要的事情是，某些我們在占星學上慣用的詞彙，當回溯原始的語言，會發現這些用詞在古代雖然也作爲術語使用，但其實這些名詞都有實際具體的意涵，使得這些內容和判斷能融入生活中，但是如果你沒有特別留意就一定不會發現。

我舉一個簡單的例子就是「上升位置」（Ascendant）。這個名詞在拉丁文的字面意義爲「看什麼正在升起」（what is ascending），阿拉伯文則稱爲「漸漸升起」（the rising）。如果我們只是將「上升位置」作爲一個簡單的用語，就會認爲它是指上升的度數，但中世紀時，對於確切的上升度數與上升位置是有區別的，當他們單純提到上升位置時，往往表示整個上升星座。

所以如果特別留意語法和確切的用詞，會發現其實這些用詞的意義並不一定都相同。一個行星落在上升星座會被描述爲「在上升位置」，但如果沒有留心確切的用詞，就一定不會瞭解其確實意義。

最近我發現另一個例子，當我從薩爾書中的導言，看到尖軸（angles）的意義。希臘時期此名詞同時指尖軸度數（也就是我們常說的中天位置〔Mid-heaven〕），以及整星座的始宮位置（就是第一、第十、第七和第四個星座）。此名詞在希臘時期實際上具有黏貼或插下的原意。

在阿拉伯文中，他們使用的詞爲watad，意思爲「樁」——如同立在地上的一根樁或竿子——事實上，更確切的意思爲帳篷的樁。但是當我們看到拉丁文的用詞，這時期的作者已不再使用樁（stakes）、栓（pegs）、竿子（poles）這類字，他們通常使用angulus，也就是我們現在翻譯成「尖軸」的這個字。無論是現在的尖軸或拉丁文的angulus，都是指「角落」的意思，如同房間的角落。這與過去將上升與中天的度數，視爲插在地上的樁或點等具體概念的用詞，已經沒有關聯性了，與其眞實

的意義相較已經失真。當我們說「尖軸」，究竟是代表尖軸的度數？還是在尖軸度數附近的位置？或是在其以下的區域？又或者是代表此位置的整個星座本身呢？所有這些都會影響我們對星盤的解釋。

我認為有些拉丁文作者會使用angulus這個字，是因為在看中世紀的方形星盤時，上升與中天與其他始宮的位置，就在方形星盤的角隅位置，而這些角隅位置是由尖軸度數所決定的，但是這個用詞其實無法顯示阿拉伯文和希臘文的原意，使得原意失真了。

這些都是我所發現、也讓我感到興奮的事情。這表示我們會以不同的方式去看待占星判斷技術；卻意味著這些受忽略的狀況，也傳承給了晚期文藝復興和早期的現代占星師。

妮娜：當我第一次讀到你所翻譯的波那提著作時，他引用了許多早期的阿拉伯作者，我想知道這是否成為你追溯波那提資料來源的起步。

班傑明：那的確是一個重要的原因，我想要知道更早期的作者的說法；另一方面是因為像薩爾和馬謝阿拉這些活躍於阿拉伯極盛時期的占星家，他們的文獻成為後代作者的重要依據。另外還有兩個原因，第一是我留意到正在翻譯的波那提著作，對於整個星座宮位制和象限宮位制，在兩個版本中有所更改，因而產生文字編輯上的衝突。在較早期的版本中，可能提

到某顆行星落在第五個，也就是說，從拉丁文上非常清楚地就是指第五個星座，但在之後的版本中，這樣的文句已經改變，可能同時也是指宮位，這樣就會產生解釋上的出入，因此讓我想要知道更早期的作者的說法。我看到他們多使用整個星座宮位制，我對此非常好奇。

另一項我一直很感興趣的，是希臘文獻至中世紀的傳承，我想要知道希臘時期的觀念，有多少程度傳播至波斯和阿拉伯，因為這些技術和方法中，有些到了拉丁文時期已不太看得到了。因此我想從波那提的資料回溯，同時也從希臘時期往前進，以此兩者檢視波斯／阿拉伯時期的資料。

妮娜：作為一個占星家，對你來說，是否從這些文獻資料找到最令人振奮的內容？有沒有哪個判斷方法或技術讓你心裡想著：「哇，這真是太棒了！這真的重新改變我對星盤的解讀以及對占星學的認識。」

班傑明：最近有兩個新發現都是來自薩爾和馬謝阿拉的書籍。第一項發現是，我想我終於已經破解了「陷」（detriment）與「弱」（decension）的無力的意義，我終於想通它們的作用方式，並且開始應用這個新方法以及它們的作用去解讀星盤。以前我總是把它們一律視為無力，且從許多作者的資料中，都找不到它們之間有何差異；但是薩爾和馬謝阿拉說得很完整，讓我確實知道它們是什麼，有些係與古典物理現

象有關，例如入陷的狀況。這真是一件令人非常興奮的發現。

　　另一項發現是來自希臘時期、並傳播到阿拉伯時期的觀念：行星與其主管宮位形成相位的重要性。如果行星沒有與其主管宮位形成相位，其主管宮位所象徵的事項就顯示會有困難，如同行星無法與其溝通聯繫，行星得不到宮位支援，也不能支援其宮位。所以一個行星若無法與主管宮位形成相位，顯示對其所代表事項會產生不好的狀況。這項觀念在波那提書中曾有提及，卻並未明確一貫地應用它，但我認為這項判斷，對於中世紀及後代的占星家是相當重要的。

　　妮娜：占星學的含義、術語和觀念的變化很容易被忽略，尤其是當你從一本書到另一本書，甚至到不同時期的文獻，除非是像你這樣專業的占星家，否則我真的難以想像怎麼樣才做得到。

　　我想你的譯著將會逐步改變占星學的解讀方向，也改變我們對於古典占星學的認識。你有意識到這件事嗎？你能預見你的翻譯會帶來多大的影響嗎？

　　班傑明：我的目標與遠景是希望有更多人對古典占星學感興趣，閱讀、應用、實踐它，並從中體會、獲得這個寶庫。我發現許多已經受過現代占星訓練的人，當他們接觸了古典的觀念和法則、判讀的規則時，會突然覺得被打通了，而非常興奮。我認為這樣的興奮與熱情將有助於推廣給更多的占星師。

我對現代占星師的另一項建議是，他們大多專注在世界哲學觀、心靈的視野以及宇宙論，並沒有花相對的時間在判讀技術上，因此在技術上缺乏專業的訓練。另一方面，雖然古典占星學相當著重技術面，但古典占星師比較不會強烈傳達他們的哲學觀。在阿布·馬謝的《占星學全介紹》（*Great Introduction*）中有此內容，不過它往往是被其他非占星的作者引用，來傳達其哲學觀。

因此，我認為我們需要古典占星學的世界哲學觀，同時也要為現代占星師揭露有用的古典技術。

妮娜：聽起來你似乎希望現代占星家能學習這些令人感興趣的技術，也能同時理解古典的哲學觀。

班傑明：是的。因為大體上，古典占星作家關於對世界的觀點只有一些散落的描述；但是一旦你開始應用古典的技術，就得被迫坐下來，問問自己：「好，我正處在一個什麼樣的世界裡，所以這些技術才會有用？」這會迫使你去思考自己的哲學觀。

妮娜：當你研究古典占星時，這種狀況曾經發生在你身上嗎？你是否曾經在某個時刻想著：「我現在真的不在堪薩斯了嗎？」（譯註：諺語，表示遇上有趣、不尋常的人事物）。

班傑明：當我跟著左拉老師學習時，開始出現哲學觀的轉

變，左拉認為這非常重要。而我也已經經驗了這種轉變。很幸運的是，因為我本身就在大學裡教授亞里斯多德與斯多葛的古典哲學，我個人也接受這些觀念，即使我已經準備好接受轉變，但我仍然得親身經歷。

早些年，當我開始研究卜卦盤和里利的資料，發現無論我在研究、教授其他領域的古典資料，或是當我解讀星盤時，我都是帶著現代心理的思維去看這些內容。我變得很容易沮喪，因為我發現我的詮釋似乎無效，但我也不知道原因何在。直到我向左拉老師學習後，才能夠將古典思維與占星學融合在腦海中。為了實踐古典占星學的方法，你真的需要以一種完全不同的態度去看星盤，如果你不能採取這樣的態度，並經過這種轉變與價值判斷，你對星盤的解讀就無法有效。

妮娜：這非常有趣。一方面它也許是成為一個占星師，與熟悉古典技術的過程中最短暫的部分；另一方面，它似乎成為一切應用的基礎。你認為這是現今的古典占星家所面臨最重要的事嗎？

班傑明：我想是的。我認為其中一個原因是，當你在分析行星的強弱、落於什麼星座等等，尤其當你從宮位和行星推論出客觀事實時，以古典的觀點，會迫使你得用一種客觀距離去看星盤──這是古典與現代占星最大的差異。現代占星師會依賴自己的直覺，或加上自己腦中的心理概念，將直覺以及伴隨

直覺而來的想法，都帶入判讀中。古典的態度迫使我們保持客觀的距離，但這並不表示古典占星師沒有好壞的差別，也不是意味著古典占星師不會討論心靈，我們會的，但我們以不同的方式討論心靈。我認為，古典的世界觀以及它如何影響你解讀星盤，是不能被忽略的。

妮娜：你覺得我們活在現代的人，可以成為這種轉變的典範嗎？你認為只要我們的想法有足夠的彈性，就能使古典的技術有用嗎？

班傑明：多數現代對世界的許多不同觀點，大多是不實且無用的想法。但我認為，現代人對古典的觀念本來就具有自然接受的能力，所以通常只是發現早已知道的事。例如，當我在大學教導斯多葛學派時，會先列出一些斯多葛所教的內容。我會列出大約十件事，以不可置信和荒謬的方式呈現它，一開始，斯多葛學派像是一種瘋狂的哲學。

一旦我們實際進入斯多葛觀看世界運作的角度，以及心靈與情緒的運作方式之後，我經常說服學生明白，其實他們早已經相信斯多葛所教的事情，只是他們沒被教導去留意它而已。所以我們需要更多正規的指導去認識它，這是我一直很感興趣的事。

當我們談論現代與古典的哲學觀時，經常出現關於命運和自由意志的議題，這確實是相關的。不幸的是，很少人對此深

思，並真的去閱讀與研究古典作者們所謂命運和自由意志的確切含義。舉例來說，就有很多人認為自己是現代思想中，倡議自由意志的無神論者。

但事實上，我們對自由意志的觀念，是來自猶太教與基督教的神學家，他們是根據神學和聖經而發明此一概念。有些人認為自己是現代派而非古典派，甚至對古典派不屑一顧，卻抱持著他們並不清楚來源的概念。我認為我們應該與投入這門學問、學術的研究者（其中多數是受到現代派敬重的學者），廣泛、詳細地去討論這項觀念，並且重新介紹、重新認識古典的觀念。

其中一項古典的觀點是，我們的生活有很大的程度是注定的（取決於我們如何定義命運），如果所謂的自由意志真的存在，也是非常稀有的。從占星文獻中對此含糊不清的態度，我們有很好的理由認為它並不存在。

妮娜：以某方面來說，我們幾乎不可能脫離古典的思想。我們也許可以揀選它或扭曲它，但我們從來沒有真正完全脫離某些概念。

班傑明：是的。幾千年來的古典思想家，在不同時地，針對人們所感興趣的事項，建構出一連串的主題與問題，為了瞭解這些觀點，我們必須理解他們所言，許多現代人對此所創造出的、符合現代詮釋的觀點都只是想像，理解古典的觀點可以

糾正、消除這些想像。

妮娜：我想，將古典的知識轉爲現代人的語言，可能是一個挑戰。你經歷過這樣的狀況嗎？還是你覺得正如你所說，人們很自然地敞開、接受你說的話嗎？

班傑明：這要看情況。我遇過有些被認爲是現代占星師的人（即使他們不接受客戶諮商），他們是研究現代占星學，並理解其倫理、宇宙學和社會權的現代人。當我解讀他們的星盤，坦率地與其談論他們人生中好與壞的面向，他們頓時會覺得輕鬆而且很感激。我們常有一種認知，這種認知部分是來自於現代的幻覺，那就是你不能說出客戶人生不好的一面。因爲他們是如此脆弱，可能還有很多創傷和潛在的精神問題還沒有浮現出來，你可能會因此撕開他們的創傷——所以當有人來找你尋求諮商，你不應該去揭開他們生命中的問題。但即使是那些學習過現代占星的人，都知道個案的這些問題早就出現在生命中，也知道這是不好的事，他們會很高興你可以從星盤中看出來。這就是我前面提到的，現代人早已接受古典觀點的事證之一：因爲以古典的方法，我們可以分辨哪些是世俗認知的好與壞的事項。

妮娜：或許這就是爲何對許多人來說，當他們開始學習古典的技術時，會是一種解脫——嘿，你可以看出我們整個生命

或人生的全貌，而不是創造出人生只有好事或正面的幻覺。

班傑明：或甚至沉迷於這些幻覺——如同我前面所說，因為大多數人有精神疾病、官能症和各種各樣的創傷，所以你必須小心翼翼地對待。

妮娜：你怎麼看待當代古典占星復興風潮，你覺得這是占星歷程的哪個階段？開始時，我們有古典方法，然後幾百年來它進入休眠，而現在我們正在經歷這項復興。它為何會發生在現在？如果將時間拉長來看，它可能走向哪裡呢？你覺得這代表什麼？

班傑明：我想有幾個狀況正在發生。首先，是一般現代文化的問題，人們並不清楚自己持有的價值觀為何，甚或害怕點出好與壞，我認為這會讓人感到飄忽、疏離，所以他們自然地會轉到古典占星上。再者，各種如新時代、玄學、魔法或其他占星派別，都有回歸古典的趨勢。我遇到很多現代占星師說，他們花了很久的時間學習和實踐之後，已經對現代占星精疲力竭了。我認為，占星師會遇到相同的問題，有部分是來自於現代文化總認為永遠有新技術、永遠有新的宇宙觀，卻很少思考星盤判讀的一致性。

所以我認為古典的方法能幫助我們有憑有據。你不必只為了感覺更有根據與信心，而去相信中世紀占星家的所有方法，你也不會因此而不再當現代人。古典方法於判斷事項的好與

壞，或在命定和自由的觀點上，有助於闡明現代人都未能認清
的問題和價值觀，而不會讓現代的神話盲目了自己。

妮娜：我認為人們常受到現代占星混淆之處，就是道德議
題或凡事沒有絕對地對與錯的分別。就這個部分來說，古典占
星師是很清楚的。當他們說這個人會遇上壞事，他們不必向你
解釋好事與壞事的差別，因為這是一般人都理解的基本概念。

班傑明：它不僅更清楚，而且是更有幫助的。例如，最近
有現代占星家說，如果我們在當事人的星盤中看到她的關係會
遇上可怕的事情，我們不應該讓個案知道這個壞消息。但是，
你不會這樣對待你的好朋友，讓他們對人生重要的事項一無所
知。而某些現代占星學派別卻說我們不能去談它，也就是有人
向我們求助時，我們反而不能告訴她實際的狀況。

分辨好事與壞事也是有趣的主題，我們可以來看看幾種方
法。在古典占星中，你去觀察宮位，會看到宮位充滿了世俗認
知好和壞的事項，我認為這就是關鍵。它們是一般世俗所認為
的好、壞事：財富是好的、信念是好的、死亡是壞的、受奴役
是壞的、朋友是好的。這些都是像哲學家亞里斯多德和多數古
典占星家所奉行的世俗價值觀。

在星盤中，從本質上來看，就是在體現世俗的、亞里斯多
德的價值觀。

但還有另一種看待這些事情的角度，你可以採用不同的哲

學觀點和宇宙論。你可以說以上蒼的角度來看，沒有好與壞的分別，行星不過是在上蒼的意志下行使它們的本性，去做該做的事。火星，從上蒼的角度來看，並非是凶惡的，火星做它該做的事，但是可能會對我們造成世俗所認知的壞事。

你可以更進一步去瞭解斯多葛學派，在許多希臘文獻中常隱含此學派的哲學觀，這項觀點有助於占星的療癒。斯多葛不完全同意亞里斯多德對價值觀的分類方式，他們認爲要解決情緒問題的治療和療癒，必須先理解一般世俗所認知的好與壞，但不一定等於對自己的好與壞；我們可以根據自己的本性和所需的情況，去選擇或不選擇這些事物，但過於認同世俗的價值觀會使自己受限，而因此受苦或活在虛假的幸福之中。

所以，當我們與個案討論到好與壞時，我們可以先談世俗所謂的好與壞，但我們也可以談論——而且我認爲在未來我們都必須這麼做——更多斯多葛學派的角度，理解我們是依照天性運作的宇宙的一部分。

如果我們能以客觀距離去看待這些世俗的價值觀，比起把幸福快樂建構在這些世俗價值上——要不就因爲失去而恐慌、或因爲得到而生虛假的喜悅，我們將能以更多幸福、安心和自信去看待生命裡的得與失。

你問起未來我們會走到哪裡。我不知道一般占星師對古典占星學的接納程度有多少，但我深信，未來五年內，中世紀占星名家最知名或次要的作品，都將會被翻譯出來。

　　我們因此得以解決某些問題，像是整個星座宮位制與象限宮位制，以及其他內容。我想我們會解決所有的主要問題，並能彙集所有的資料，而下一步將會是培訓新一代的古典占星師，一起共同來實證。（註1）。

2008年8月2日

註1：本文轉載自http://gryphonastrology.com/blog/2008/08/02/astrologer-interview-benjamin-dykes-part-1-of-5/。

概論

百餘年來西洋占星學的
發展演變概述

秦瑞生

　　台灣早期引進的西洋占星學幾乎都是屬於現代心理占
星學的範疇,故當我的占星書籍出版問世,以及楊國正先生
(Puka)在他的論壇上強調古典占星技巧時,常有讀者困惑並
來電詢問:古典占星學到底是什麼?和市面上流傳的占星學有
何差異?儘管提倡古典占星的先進們及筆者都已陸續說明兩者
的區別與演變,但讀者仍屬霧裡看花的居多,故想藉本文較為
詳細地解說,百餘年來西洋占星學的發展演變。

　　天宮圖(或稱命盤)的詮釋方式,從古典到現在究竟發
生了什麼樣的轉折變化?一般稱為傳統占星學(Traditional
Astrology)或古典占星學(Classical Astrology),原本是著重
事件(event-oriented)的明確指示,類似中國的八字、紫微斗
數、果老星宗七政四餘、印度占星學……等,命理學直斷命主

命運的吉凶事件，它的根據是自希臘羅馬、中世紀阿拉伯、返回歐洲、文藝復興等時期的吉凶判斷法則。

　　這一傳承的古典占星，在二十世紀初葉，卻大幅轉向內在心理傾向（psychology-oriented）的解說，強調命主的可能性、機會性及潛在能力的實現，進而論及內在人格結構的情結如何予以治療。隨著二十世紀心理學的飛躍成長與發展，結合精神分析學派的分析心理大師榮格的原型理論（Theory of Archetype）、人本主義心理學的以人為本的精神，甚或超個人心理學的追尋真我，從小我到大我。這即為一般所稱之現代心理占星學（Modern Psychological Astrology）。

　　古典占星學之所以大幅轉向現代心理占星學，有其遠因：主要是十九世紀末的通神會學說的影響；也有遽然改變的近因：即亞倫·里歐（Alan Leo）的被控算命（Fortune Telling）。我們會論述這兩個引起改變的原因，之後再進一步論述影響現代心理占星學發展的重要人物，以及二十世紀末古典占星學的復興運動，最後比較兩者的利弊得失。讓讀者充分瞭解兩派紛爭的歷史緣由，對兩者都能有較清楚的輪廓。

　　以下就針對這五個主題分別敘述之。

一、十九世紀末通神學會（Theosophy Society）對現代心理占星的潛移默化

　　西方神祕學中，較知名的是古埃及智慧赫密特法則

（Hermetic Law）、希伯來猶太的卡巴拉（Kabbala）、基督教的諾斯替靈知主義（Gnosticism）、希臘羅馬時期的新柏拉圖主義（Neo-Platonism）；東方的則是印度各教派，如印度教的吠陀經典、佛教、印度密教傳承衍生的西藏藏傳密教、中東伊斯蘭教蘇菲派（Sufi）、中國本土的道教、蒙古地區的薩滿教……等。它們共同的核心觀念大多圍繞在宇宙論、玄奧心靈、人類命運、國運、魔法、煉金術、巫術、修行靜坐、瑜伽、七脈輪……；或是冀求正確瞭解宇宙及人本身所處的角色和地位，以及如何淨化自己的心靈，進入深層的內在境界，與宇宙的演化一致；或是努力研習預測術、占星術、魔法、水晶能量、花精……等，來改善演化過程中可能碰到的瓶頸或阻礙，以使能量提升。各種流派的玄奧神祕學都希望帶給人類靈性的光明，但卻以諱莫高深的語言，使他們的目的常蒙上一層矇矓的光暈，一般統稱它們是神祕主義的玄學體系。

　　中世紀後，整個歐洲受基督教文化影響極深，一切皆是上帝旨意的教義，深入社會各階層的日常生活事務中，當時玄學體系被禁止、壓抑，僅能遮遮掩掩游走於邊緣，更增添其神祕氛圍，一直到西元十九世紀初葉，工業革命進展、科學理性主義受到重視，教會的影響才慢慢式微。西元1846年海王星被發現，玄學體系的各派主張死灰復燃，如催眠術、招魂、通靈、透視、感應……，頗受中上階層人士的歡迎，形成另類宗教。

　　十九世紀末葉俄裔美籍靈媒海蓮娜‧布拉瓦斯基（Helena.

P. Blavatsky，HPB，1831～1891），據說具有通靈透視能力，自云她受無形的靈性導師指引，來到美國尋找喜歡研究通靈術的律師烏克德（H.S. Olcott），他親眼目睹她的通靈能力而頗為折服，她與他再邀W.Q. Judge於西元1875年11月在美國佛蒙特州創立通神學會，三年後再於英國倫敦設立分會，1886年又移往印度馬德拉斯郡的阿迪雅（Adyar）市成立總部，而後在全球許多重要城市成立分會，信眾不少，且以知識份子居多。

　　HPB及通神學會引起的爭議、風波不斷，本處不擬細述，僅說明它對現代心理占星學的影響。

　　通神學又譯作神智學，百度百科的說法可概略掌握其核心要義。

　　「古今神智學家都講一元論，認為萬物同根，皆出於心或靈。認為人的靈魂深處存在一種靈性實在，人可以通過直覺、冥想、聆聽啟示或進入超乎人的正常知覺狀態而與這個實在直接相通，當人把握到這個實在時，人就瞭解了神的智慧，從而可以洞觀到自然和人的內心世界的奧祕。」

　　為充分解釋神學的觀念，HPB藉由無形導師的指導，撰寫兩本通神學會必讀的基石書籍。

1. 《Isis Unveiled》，西元1877年出版。費心全面闡釋玄學體系各派別的哲學思想，認為這些派別都是同一棵樹所生長出的不同分枝，這個樹幹是更古老、曾經普遍的智慧。

2. 《Secret Doctrine》，西元1888年出版。描述人的本質共有

七層（註1），並進一步融合東方特有的神祕思想，如業力、
輪迴再生。

　這兩本書對占星學雖然沒有完整體系的解說，也著墨不
多，但從她在《Isis Unveiled》Vol. I第259頁中，談到柏拉圖在
《Timaeus》裡提到的說法，對後世的現代心理占星學有甚為關
鍵的影響。

　「占星學本身就如天文學一樣是絕對可靠的科學，但需要
詮釋者也具備絕對可靠的條件，而且它也是不可或缺的，所以非
常難以實現。已證明對兩者是困難的，即占星學要像天文學的精
確，心理學要像生理學的精確。在占星學和心理學方面，必須超
越可見的物質世界，進入柏拉圖和亞里斯多德的超凡精神領域，
前者優於後者，它非Sadducean（註2）懷疑主義的時代。」

　占星歷史文化領域的權威尼可拉斯‧坎普恩所著的《A
History of Western Astrology》Vol. II第230至231頁中，對此句有
極精闢的評論。今整理其大意，當能理解HPB的用意。柏拉圖
在《Timaeus》中陳述，占星學的理論是優秀的，但實務上卻令
人不敢恭維，HPB正是在呼應其說法。事實上她的觀點正是新
時代占星學（New Age Astrology）和大多數現代心理占星學一
再強調的，卓越的靈魂知覺對占星學的有效是必備的，一般占
星家僅是凡人，除非他／她能進入物質背後的超凡精神領域，
他們認為占星學不應重視預測，應忽略生活的瑣碎小事，集中
心思在自我覺醒和精神成長。

　　HPB將東方的業力和輪迴再生的觀念融入她的玄奧哲學體系，經其宣揚，在她之後的許多占星家，相信其理論的竟然高達62％～80％（註3）。她相信星體的磁力作用，並結合業力，認爲一個人的出生是特定時空磁力關係的產物，是過去累世業力所計算的結果（註4），不過她並不認爲星體就決定命運的吉凶，天宮圖僅是指示命主的傾向（也就是行星僅有使命主採行特定行爲的傾向），星體並非決定我們的命運，而是指出一個最有可能的未來。

　　另外HPB也認爲身爲占星家應具備玄祕主義的堅固基礎，才能抓住內在精神的深層意義，她說：

　　「一個人在他／她成為完美的占星家之前，必須是位心理學家和哲學家，能夠正確地瞭解偉大的宇宙共振法則（Law of Universal Sympathy）。」（註5）

　　她觀察當代的占星家，大多缺乏占星學最根源的知識，事實上它貫穿於古代宇宙的智慧中。人們可藉由通神學的訓練，淨化心靈，內在神性會漸進地達到自我完善，重歸宇宙最高實在。若不是這樣，占星家實務就必須謙遜，否則僅能說只有表

註1：新時代運動的重要旗手愛麗絲‧貝莉是HPB的學生，她聲稱無形上師DK的指導而知七層，由下而上分別為軀體層、靈體層、意念層、佛體層、梵我層、一體層、大道層。

註2：Sadducean是古猶太教撒都該教派的一個猶太組織，不相信上帝、沒有復活，也沒有天使和魔鬼。

註3：Nicholas Campion，*A History of Western Astrology* Vol.II P.231。

註4：韓沁林譯Jeff Green《冥王星：靈魂演化之方式》P.5引用印度一位著名上師Swami Sri Yukteswar對占星學的觀念，就與HPB的看法相同。

註5：HPB，*Occult Wisdom* P.4-7。

面膚淺而已。

HPB和通神學會的觀點對後世占星學的影響極為深遠，大致可分成二個路線：

1. 玄奧占星學（Esoteric Astrology），如愛麗絲·貝莉（Alice Bailey）、亞倫·里歐。它的主旨大致是，占星學的目的並非用來算命而已，而是要發現自己超凡的內在神性，找出靈魂的方向，來瞭解個人的整體性與目的性，因此須融匯直覺、智慧、仁愛於心智中。它可作為內省的工具，但由於玄奧不易理解，若無卓越的心靈恐難登堂入室，故這方面影響力甚微小。不過愛麗絲·貝莉所推展的「水瓶世紀新時代運動」，促進了西元1950至1960年代的身心靈整合、回歸自然的活動。

2. 現代心理占星學，如亞倫·里歐、查爾斯·卡特（Charles E.O. Carter）、馬克·艾德蒙·瓊斯（Marc Edmund Jones）、丹恩·魯伊爾（Dane Rudyar）等人，不再視占星學為預測的工具，而是發掘命主潛能的實現性及可能機會。這些人除卡特比較淡化通神學說外，其他三人都將其整合於其論述內。

二、亞倫·里歐被控算命是邅然轉向的導火線

西元十七世紀末葉至十九世紀，因哥白尼的《天體運行論》揭櫫日心學說的正確，打擊占星學地心系統的立石基礎，逐漸發酵；理性主義抬頭，許多重要的科學定律被發現，故占

星學倍受質疑。西元1781年，天王星的發現使得傳統星座守護主星的安置相當尷尬，該星的革命特質幾乎革了占星學的命。這些因素使得占星學在當時甚爲衰頹，不復文藝復興時代的輝煌榮光，但在西元十九世紀末至二十世紀初葉，卻因亞倫‧里歐的努力，使占星學得以在英國復興，頗爲傳奇。

亞倫‧里歐的本名是威廉‧佛德瑞克‧艾倫（William Frederick Allen），他的太陽星座在獅子，故以此筆名。他出身貧困，小時候父親在印度服役，返家後不久與他母親離婚，亞倫九歲時就沿街叫賣，十五歲負擔全家生計。他在十七歲時，聽到母親與一位相同宗教信仰的紳士的談話，艾倫頗有感觸，認爲自己的身世是業力所致，內心深處萌生了輪迴再生的觀念。他在大約二十二歲時生了一場病，當時朋友介紹的草藥兼占星家，根據他的命盤推斷病症及治療痊癒，引起他對占星學的興趣。這位占星家將當時尚未在英國發展的通神學介紹給他，他因興趣進而訂閱了相關的雜誌。

西元1889年，亞倫‧里歐經由華特‧歐德（Walter Gorn Old）——即著名的沙伐利亞（Sepharial）——之介紹，進入英國通神學會追隨HPB，且相當虔誠熱衷。在同年度與友人創辦《*The Astrologers Magazine*》（於西元1895年更改成《*Modern Astrology*》），剛開始訂閱的人不多，他以靈活特殊的行銷手法促銷，凡訂閱一年份贈送免費的天宮圖及概略解說，這項噱頭在當時頗爲新穎，在出刊第一年就送出了一千五百份，到

西元1895年時訂閱數已經有五千份左右。這帶給亞倫·里歐其他龐大的周邊效益，例如受邀到處演講，使得他的著作甚受歡迎。西元1895年，他在通神學會遇見貝西·里歐（Bessie Leo），兩人於該年9月結婚，後來都由貝西輔助他管理社務。西元1898年，亞倫·里歐成為全職的占星家，再以「一先令測試命盤」（Testing Horoscope）大登廣告，招來更多的雜誌訂閱者。訂閱者以及社會人士紛紛要求更詳細地解盤，根據金姆·法雷爾（Kim Farrell）所寫的〈A Brief Biography of Alan Leo〉一文所云，一份詳細的解說附帶占星書，賣價25英鎊，以當時的物價水準而言，頗為昂貴。

　　雜誌發行空前成功後，亞倫·里歐又著書闡釋太陽星座的重要，強調它是生命的重心，常成為報章雜誌的專欄取材內容，這觀念一時蔚為風氣，他還因此開班授課，給英國占星學界注入新活力。亞倫·里歐的這段歷程，竟促使被貶落已久的占星學，得以在英國復甦。不過亞倫·里歐的名利雙收，卻也招來禍端，他在西元1914年2月27日及4月8日被控算命，違反英國1824法案（1824 Act），在英國是不被允許的行為 (註6)。

註6：英國早在西元1763年巫術法案（Witch Craft Act）就已將占星學列為非法，而西元1824年流浪漢法案（Vagrancy Act）將占星家列為惡棍、遊蕩者，在第四節特別提及也適用管制算命。但西元1989年11月16日Law Commission已廢止該案，也無其他替代法案。西元二十世紀初，美國紐約州也將占星家列為敗壞風紀的人。西元1914年亞倫·里歐首次被控訴的同年，美國著名的女占星家Evangeline Adams（1868～1919），也因相同罪名被起訴。

他於4月29日被傳喚至法庭，但經他申辯，且控方找不到具體證據，不久即被無罪開釋。英國占星歷史學家派崔克‧加里（Patrick Curry）所著的《*A Confusion Of Prophets：Victorian and Edwardian Astrology*》中，記載亞倫‧里歐於被傳喚的當天下午4:15，請其同事起過卜卦盤（見本文後附錄），當時即依據星盤研判他將沒事。在同一書的第149頁也記載，他想尋求占星合法化，並讓占星被認為是一種可靠科學的心境。

「讓我們脫離，不再與宿命論的占星家為伍，即使他們對自己的預測頗為自豪，也曾努力尋求讓人確信占星學的預測功能，而我們私底下發現它的價值，不需爭辯應至完全的精準；但我們必須做重要的改變，將占星學稱之為傾向的科學。」

西元1915年11月，亞倫‧里歐獲得通神學會允許，由他們夫妻兩人共同成立Astrological Lodge Of the Theosophical Society（ALTS），成立宗旨是使占星學和通神學兩者的學術研究緊密連結，從通神學的觀點來進行占星學研究，也規畫要提供通神學家研習占星學的教育與討論平台。但是兩年後亞倫‧里歐卻不幸猝死。

亞倫‧里歐於西元1917年再度被控以相同罪名，他的律師策略性地建議向法院陳述，占星命盤的解說是心理傾向的預測，而非特定事件危言聳聽的預言。但這次沒那麼幸運，控方出示他給客戶的詳細報告，報告中曾預言客戶家人死亡之事。這次雖然無法以心理傾向來辯解開脫，但後來也僅被罰鍰了事。

　　訴訟結果雖然僅被輕罰，卻讓亞倫‧里歐相當沮喪。他急著想要重新撰寫占星學，賦予新的內容，將其導向個性及內在心理層面的闡釋，卻因此過勞成疾，腦溢血突發以致猝死。當他不幸逝世的消息傳開後，令英國的支持者感到相當惋惜，並對控方不能諒解、頗有微詞。

　　亞倫‧里歐的占星會轉向心理層面，其來有自，他參與通神學會、受其宗旨感召，而想要探索內在神性。西元1897年至1898年，他在所編纂的《*Modern Astrology*》 Vol.III中，就開始強調「個性決定命運」（註7），比起當時的一般命盤解說，較屬於精神層次和心理傾向，只是並未引起太多的注意與討論。西元1917年的訴訟案件讓他更想往心理傾向靠攏，以擺脫命定式的論調。這個案件也讓英國占星圈的同道相當震撼，導致許多人紛紛轉向。它確實是引爆古典占星學轉向現代心理學的導火線。美國占星學會（AFA）著名的資深研究員詹姆士‧霍登（James Herschel Holden），在他所著的《占星學的歷史》（*A History Of Horoscope Astrology*）中第196頁寫到亞倫‧里歐被起訴的事件，並評論這件事所造成的影響：

　　「或許是以後解釋的轉捩點，從事件預測的觀點，逐漸縮小成個性分析，以及不明確的描述，心理調適或壓力的可能傾向，有時退化成含糊不清的心理分析（psycho-babble）。」

註7：因此亞倫‧里歐被尊為現代心理占星之父。

三、影響現代心理占星學發展的重要人物

1.查爾斯‧卡特（Charles E.O. Carter，1887～1968）

出身於富裕的中產家庭，小學在英國讀書，由於父親欣賞德國的教育制度，在他中學時將他帶往德國就學。早歲喜歡古代神話故事和詩歌，為其終生嗜好之一。在倫敦大學研習法律，學生時代參加素食主義社團而開始接觸占星學。因看到亞倫‧里歐所辦雜誌一先令測試命盤的廣告，好奇寄信過去，獲得接見機會，從此與占星學界結上不解之緣。

他參與通神學會，並在西元1915年成為亞倫‧里歐ALTS的創立會員之一。亞倫‧里歐逝世後，ALTS的活動慢慢減少，西元1922年卡特接下重任，肩負起振興的責任。卡特不負所託，會員人數逐漸增加，他安排的占星學講座比重多於通神學，因此吸引更多興趣僅在占星學的會員，會務推展順利，使ALTS出現盈餘。

西元1926年12月，卡特另創辦《Astrology》季刊，後來改名為《Astrologer's Quarterly》，至今仍是占星學界最具影響力的刊物之一。此刊物素質極佳，成為國際討論占星學各科的重要平台。

西元1948年，ALTS會員中偏重占星學的人較多數，逐漸遠離亞倫‧里歐創會的旨意，於是卡特另創「Faculty of Astrological Study」（FAS），提供占星學不同等級水準的認證教育與考試，至今已培養出許多聲譽卓著的占星家，如約翰‧

艾迪（John Addey）。

　　卡特在亞倫‧里歐復興英國占星學的基礎上，更進一步提升它的水平，居功甚偉。他的ASC星座是天秤，個性謙和、調和能力佳、兼顧他人立場、贏得敬重，所以會長一當就三十年（西元1922年～1952年）之久。他不具亞倫‧里歐的開創性，也沒有死執HPB的教條，甚至刻意予以淡化。在占星學學術上創新較少，但整合釐清的能力甚佳，勤於收集案例研究，能深入闡明流傳下來的觀念，他所出版的占星書籍至今仍是必讀書目。

　　他對占星學的觀念，可由西元1924年出版的《An Encyclopedia of Psychological Astrology》略見端倪，反映出當時占星學界對心理占星的興趣與需求。1967年再版的《The Astrological Aspect》引言，即是他具體思維的呈現，引錄於下：

　　「我堅定地相信，若我們選擇展開人本質較高的層次，如道德、理性、藝術鑑賞力，星體的影響將無法加以阻止。或許在我們人生旅途中會設下困難和障礙，星體似乎會支配到一定程度；毫無疑問它們也確實影響很大部分，包含正面的和負面的。但對我們來說，若能堅持重要的原則，使它們無法貫穿，雖然不容易，卻是人們最可能值得進行的。」

　　卡特認真實證，瞭解占星學確實能運作，但應以人為中心，必須摒棄完全的宿命論，珍惜自己的自由意志，開創人生。

　　卡特不相信卜卦占星，西元1962年1月的占星期刊《Astrological Journal》Vol. 5登載他的文章〈Some Thoughts on

Horary Astrology〉，他批評卜卦占星的謬誤，說自己曾起過卦但都不準，於是相當質疑、排斥這門學問。由於他在占星學界甚具威望，他的文章幾乎判定卜卦占星死刑，影響了當時英國占星家接觸的意願。他的學員德瑞克與茱莉亞・派克夫婦（Derek & Julia Parker）於西元1971年出版《*The Complete Astreolger*》（繁體中文版《星象大觀》由徐淑眞翻譯、好時年出版）相當暢銷，他們提到卜卦占星時，負面記載說它的危險等同算命和巫術，將使占星學變成瑣碎無能，只會使嚴肅的占星家蒙羞。

西元1968年10月卡特逝世，他曾私下寫信給一位好友，就其推運（progression）和過運，預測自己將在1968年過不了關，還眞的應驗。

2.馬克・艾德蒙・瓊斯（Marc Edmund Jones，1888～1980）

他出生在美國密蘇里州的聖路易市，家境平平，童年時期父母移居芝加哥，成長於這個城市。因鄰居的介紹，他很早就接觸通神學和基督教科學主義，高中畢業後，即成爲自由作家並編寫劇本。他在西元1907年至1914年間，密集地研究東方的象徵符號，源自希臘的新約、希伯來經典和卡巴拉。

瓊斯於西元1913年第一次認識占星學後，便自行買書研讀，隔年他母親逝世，之後研究得愈加積極，受知名占星家馬克思・韓德爾（Max Heindel）的影響很深。瓊斯在西元1916年曾以筆名Figulus出版第一本占星書《*Evolutional Astrology*》，

因爲他相信羅馬時期（約西元一世紀時）的占星家Nigidius
Figulus就曾反對宿命論的算命方式。當年他開始執業時，也常
批評當時占星同道預言式的方式。

西元1922年12月時，瓊斯每星期在紐約教授新建構的占
星學，西元1923年到加州，遇到Manly Palmer Hall，兩人相知
相惜，在洛杉磯的Church of People講課，後來被標誌爲Sabian
Assembly的學生。西元1930年代他熱衷參加神學會的活動，一
直想將HPB的理念導入基督教的教義。瓊斯也相當好學，西元
1948年完成博士學位的論文。

在占星學方面，他相當認同亞倫·里歐，認爲占星學不能
僅止於預言的工具，也非科學的附屬品。瓊斯一生殫精竭慮，
爲促使占星學革新努力超過六十年，以建構能正當化、合理
化、與哲學一致、形而上健全新的占星學，他反對預測，強調
人的靈魂進化。一開始尚非根據心理學的原理，僅就HPB的通
神學會的教義綱領、哲學中的理想主義、冥契主義……等融爲
一體，到最後自然涉及內在心理層面。於是認定占星學是用來
探索個人的潛力、傾向、機會和可能性，人只要能在精神層次
深入發展，就可以充份實現其人生目的。這個觀點相當符合西
方心理學第三勢力人本主義心理學（Humanistic Psychology），
甚至第四勢力超個人心理學（Transpersonal Psychology）的精
神，引導他的非正式學生兼好友——丹恩·魯伊爾，開啓人本
主義心理占星學的光明之路。

　　瓊斯對現今占星學的技術甚有貢獻，如Sabian符號、行星構成的型態以及相位組合的型態，以下分別說明之。

　　西元1925年，加州的Sabian Assembly是他與他的女學生Elise Wheeler合作創造出來的。她是位靈媒，於她冥想過程中，記錄拿到卡片的瞬間，腦中所浮現的顯像，共記錄下360條，詞句優美地描述黃道360度的每一度訊息。

　　HPB曾說占星學的根源就是古代中東地區的拜星教（Sabaism），瓊斯受她影響也追蹤古神祕學中有關Sabian的意義，更篤定它的象徵，稱之為Sabian Astrology。整個系統很樸素地呈現，完全沒有吉凶事件的描述，摒棄古典觀點之行星力量決定命運的說法，朝向人本中心的個性解釋。

　　在西元1941年出版的《*The Guide to Horoscope Interpretation*》中，他提出行星在天宮圖中構成七種型態：散落型（Splash）、集團型（Bundle）、火車頭型（Locomotive）、碗型（Bowl）、提桶型（Bucket）、蹺蹺板型（See-Saw）、擴展型（Splay）。他認為這七種型態各別攸關命主的心理型態，並充分列舉名人命盤驗證。如行星群形成兩邊對峙，就是蹺蹺板型，容易構成內心的矛盾衝突，以致猶疑不決。瓊斯的七種行星構成型態，受到許多占星家的欣賞與應用，可惜他未進一步將行星所在星座考慮在內，細緻性就差了些。

　　西元1961年出版《*Essentials of Astrological Analysis*》，他更提出相位組合型態，如：三刑會沖（T-square）；大三

角（Grand Trine）；小三角（Grand Sixtiles）；大四角刑沖
（Grand Square）；半球象限（Hemisphere emphasis）；元
素優勢（Preponderance）和元素缺乏；行星的尊貴，如行星
上升（rising）、揚昇天頂（elevated）、最終定位星（final
dispositor）、在太陽核心內（Cazimi）；行星的特別相位（五
分相quintile或七分相septile）。至今這些相位結構幾乎已成爲
西方占星學界相當認同的詮釋焦點，而行星的尊貴係屬古典占
星學的原有技巧，只不過賦予心理徵象。

　　儘管瓊斯著書立說排斥預測，但根據羅伯特‧左拉在
〈Marc Edmund Jones And New Age Astrology in America〉文
中提到，瓊斯實際上曾從事卜卦服務，他寫過的《*Horary
Astrology*》也是以古典說法替朋友論命。

　　3.**卡爾‧榮格**（Carl G. Jung，1875～1961）

　　榮格的生平較常被論述，此處不擬再談，就直接切入他的理
論學說與占星學的關聯。他的分析心理學派的一些觀念，絕對是
現代心理占星學的重要根據，如：同時性（Synchronicity）、原型
理論、人格心理的八種型態，分別說明於下：

　　a.同時性

　　西元1951年他已提出同時性的概念，而西元1955年他在
《*Synchronicity: An Acausal Connecting Principle*》爲這一概念下
了定義——同時性是將事件與非因果關係聯繫起來的原理。可
合理地解說占星學能夠運作的原因，當一個人出生時的心靈結

構，有意義地平行對應於該時刻的行星位置，這兩者是非因果關係的聯繫。在上述書中第二章〈一次占星術的實驗〉中，他統計一百八十對夫妻的星象做分析，顯示傳統占星學所做的假設，在樣本中出現高得驚人的頻率。

b.原型理論

原型的概念源自古希臘先哲柏拉圖的理型（Ideal）學說，並非榮格獨創，但他巧妙地將之運用在分析心理的內容裡。所謂原型就是心理模子，能夠理解的典型方式，是人類具有的共通心理認知，潛藏在人的內心深處，它可以發揮作用，呈現正面或負面的影響作用。

榮格對東西方各派神祕學、宗教學、神話古典圖騰、古代藝術的知識相當廣博，並在治療病人時，常出現一些象徵符號，讓他深信佛洛依德的性源論無意識學說太過淺薄。他認為人的內心世界共有三層：一、意識，自我能知覺外在的部分。二、個人無意識，儲存個人曾經歷、感受或思考過的各種記憶，受到壓抑或遺忘。三、集體無意識，出生時即擁有全人類共通的各種心理模子——原型，是心靈運作、人格完美和內在轉變的最終源泉。

身為心理學界的大師，卻認同占星學的功能，相當振奮研習占星學的同修。榮格認為天宮圖可作為揭露人類內在心靈的良好工具，占星學的基本元素如行星、星座或ASC／MC就是集體無意識中各種原型的象徵符號。而榮格提到的情結

（Complexity），指的是偏離意識，事關痛處或難以接受其表象，或受到壓抑、常游盪在個人無意識或集體無意識之間的心理糾結，會影響人格，正可以用行星相位組合來類比。因此原型能使內在個性和反應在外的事件連結，另外行星運行也與個人經歷對應，能正確指出人生危機的時刻。簡單地說，他頗讚賞占星學獨特且無比的功能。

西元1947年9月6日，榮格寫信給印度知名占星家R.V. Raman，相當誠懇地提供他的經驗分享。

「我是一位心理學家，尤其對天宮圖能發出個性某些複雜情緒的特別光線有興趣，每當個案很難診斷分析時，我通常會起盤，從完全不同的角度以獲得進一步的觀察。我必須說我時常發現占星學的資料可闡明某些要點，若非如此，我就無法瞭解了。從這些經驗，我已相信占星學是對心理學有益的見解。它包含一些我們所稱投射的心理經驗，這意謂著我們發現心理事實正映在行星結構中。獨創地升起觀念，即就事實而言，來自星體的這些要素，主要攸關於同時性，我承認這是非常不可思議的，投出奇特的光在人類的心思結構上。」（註8）

榮格進一步說明自我是個人意識呈現的部分，而本我是意識和無意識互相交融後，成就的完整內心世界，自我這種「我就是我」相當脆弱，常受情結干擾，陷入不安而被本我吞噬，

註8：轉錄自尼可拉斯‧坎普恩，*A History of Western Astrology* Vol. II P.255。

放棄自我意識的重大責任。所以如何與本我合作，使自我和本我互相認同，融合一體，此即「個體化」（individuation），享受超越物質或情感的極致喜悅。個體化理論可趨動心靈向精神的完整性發展，對人本主義心理學是有所啟發的。

c.人格理論的八種型態

榮格提出人格中會出現內向和外向，類比黃道十二星座的陰性星座和陽性星座，也說明心靈四種功能：思維（Thinking）、直覺（Intuition）、情感（Sensation）、感覺（Feeling），對應於四大元素的風、火、地、水。配合內向、外向而組合成八種人格型態。

榮格人格理論的八種型態常見於現代心理占星學的著作，讀者可自行閱讀之。有關榮格的學說與天宮圖的對應可參閱拙著《實用占星學》第262至263頁。

4.丹恩‧魯伊爾（Dane Rudyar，1895～1985）

出生於法國巴黎，父親將他命名為Daniel Chenneviere。十三歲罹患嚴重疾病，腎臟開刀，從此身體狀況就一直不佳，躺在醫院甚久，而變得十分內省，感嘆循環法則（Law of Cycle）控制著文明進展與所有的存在。因禍得福不用當兵，據聞必須徵調他去服役的軍團，在第一次世界大戰全部被殲滅，無人生還。

他年輕時相當好學，十六歲即從巴黎大學畢業，多才多藝，音樂作曲、編劇寫作方面顯現天分。西元1911年父親過世，常為生計掙扎，乃從事音樂工作維生。西元1916年因他的

才華被帶往紐約，西元1917年有機會聽日本禪宗大師鈴木大拙的演講，開啓對東方哲學和玄祕學的研究，後來還接觸梵語，認識了印度神Rudra，他直覺Rudra會帶給他好運，遂改姓爲Rudyar。當年也因音樂界朋友介紹，首次認識到通神學。

西元1920年在加州，因居住在通神學會Krotona分部附近，有機會再精進通神學和學習占星學，並遇見愛麗絲‧貝莉。西元1920年代跟印度通神學家B.P Wadia研習，經其引介，更深入HPB《*Isis Unveiled*》及《*Secret Doctrine*》的要義，釐清他早歲時有關時間循環的正確說法，讓他印象深刻。

西元1930年是他占星學生涯最重要的一年，經人介紹而認識馬克‧艾德蒙‧瓊斯，成爲他非正式的學生，當時是以複寫本的課程研習。西元1932年開始執業，從事占星解盤，西元1933年在新墨西哥參加通神學會議，遇見榮格，佩服其心理學理論，覺得可以將大師的學說補進瓊斯的新占星學，並加入通神學的精神。後來陸續在Paul Clancy主編的《*American Astrology*》發表，竟引起熱烈回響。

西元1936年丹恩‧魯伊爾將這些文章匯總命名爲《*The Astrology Personality*》出版，書內包含其恩師瓊斯的Sabian Symbol，相當暢銷。以占星學成名的他，又返回音樂創作和戲劇藝術，但由於太過前衛，雖偶有佳作，總是難以支撐家計。

西元1958年他受邀訪問瑞典，開啓他在歐洲的新頁。他的一位學生Alexander Ruperti（1913～1998）相當盡心守護他，在

歐洲推廣他的心理占星學受到普遍擁護。

　　他的占星學思維最早植基於通神學，再融入榮格的理論。認爲古典托勒密占星學模式需要改變，我們人類也需正確地評估，態度應改變向著人的本質，當心理學都已重新建構，占星學沒有理由不改變。他也與時俱進，認爲精神分析學派是分析心理派的基礎，占星學可以結合榮格的原型理論來闡釋，前面所介紹的榮格的觀念，都可在魯伊爾前引書看到。

　　西元1950年美國心理學界掀起人本主義心理學的新浪潮，專注於人的研究，強調人的尊嚴和不可貶抑性、有機整體性、自我、價值、意義、自由意志與責任感……等精神，深獲魯伊爾同感。故在西元1960年代，他是第一位確認占星學和人本主義心理學是可以互補的。西元1972年出版《*Person Centered Astrology*》第54頁，敍明占星學非用來預測重要的事件，而是個人面對自己成長和自我實現的態度。每個天宮圖都是獨特的，像個種子袋（Seed packet），代表個人的全部潛能，在這之中沒有吉或凶，每一要素都是整個有機體的一部分。這正是人本主義心理學所一再主張的論調。

　　西元1960年代較後期，原本爲人本主義心理學家的亞伯拉罕‧馬斯洛（Abraham Maslow），不滿意他的需求動機理論僅有X理論和Y理論，尚不夠完整全面，故在西元1969年又提出Z理論最高需求，包含超越性和靈性需求，頗有玄學類宗教的味道，引發心理學界第四勢力超個人心理學（Trans Personal Psychology）的

興起，主張追尋真我，人格建立在這個中樞上，才能負起協調統
一，達到心靈真正的自由；又強調靈性具有層次，需超越以達到
高峰經驗。這些觀念其實都涵蓋在HPB通神學說。魯伊爾似乎也
想從人本主義心理學再深入轉向超個人心理占星學。

　　現代心理占星學經歷亞倫‧里歐、查爾斯‧卡特、馬克‧
艾德蒙‧瓊斯以及丹恩‧魯伊爾的大力宣揚，在二十世紀成為
顯學，其中又以西元1960年代至1980年最盛極一時，丹恩‧魯
伊爾的影響與號召既深且廣，無人能出其左右。在他之後尚有
Jeff Mayo Stephen Arroyo及Liz Greene，也在這個領域的名氣頗
為閃亮，但不若前五位的開創性或全面性的影響，故不擬介
紹。西元1990年代後也興起精神進化（Spirit Evolution）的占星
學研究，如Jeff Green，但僅為小眾，影響不大。

四、二十世紀以來古典占星學的復興運動

　　現代心理占星學自二十世紀初，亞倫‧里歐轉向後到丹恩‧
魯伊爾舉起放棄托勒密模式的大旗，一直相當火紅，延燒到西元
1980年代初期。尤其是丹恩‧魯伊爾最意氣風發的時期，古典占
星學常被揶揄，譬如他的學生Christina Rose就批評它僅是促進一
項觀點，即人類只不過是宇宙琴絃上的一個無助的玩偶（註9）。這
種攻擊比比皆是，普遍有著新占星學勝利的心態，因而當時從事
古典占星學者，就像小媳婦，甚為低調，不敢攖其鋒。

　　在上述期間，堅守古典陣容的占星家，較著名的有二

位，對二十世紀末古典占星學的復興運動培養一些種苗，他們是Zoltan Mason（1906～2002）及Ivy M. Goldstein-Jacobson（1893～1990），前一位是羅伯特・左拉的老師，他開設個性化書店，專賣稀有的神祕學和占星學的書籍，也在紐約教授十七世紀法國宮廷占星師莫林所建構的系統，他也將此系統加以改良，於西元1974年出版《*Astrosynthesis*》，極力倡導莫林的方法。另一位Ivy M. Goldstein-Jacobson是位女占星家，出版許多占星書籍，全部都自行打字、自己出版，不勞出版社，因怕被弄錯，她的《*Simplified Horary Astrology*》至今仍被卜卦占星學列為必讀之書。她在美國加州開設這方面的課程，開枝散葉地培養後來的幾位名家如Gilbert Navarro、Alphee Lavoie。

　　西元1980年代Masson的學生羅伯特・左拉開始翻譯和撰寫中世紀占星學代表人物波那提的《天文書》前三冊及書內的論斷法則，回歸古典占星學的故道。他開班授課、到處演講，引起的回響頗為熱烈。屬人本主義占星學陣容的Barbara Watters（1907～1984）想將古典卜卦的內容植入心理占星學中，但還是回到了古典法則的判斷，她的《*Horary Astrology and the Judgment of Events*》就是這樣。她發現任何行星不論其黃道位置，只要它的度數，不管分數，跟南北交點的度數相同，稱為

註9：取材自尼可拉斯・坎普恩，*The Traditional Revival in Modern Astrology: a Preliminary History*。

命定度數，經過驗證，的確令人驚奇。西元1984年Dr. George Noonan鑑於現代心理占星學太過天馬行空，缺乏古典占星學植基於天文星象和觀察，故撰寫《*Classical Scientic Astrology*》描述托勒密系統和Al-Biruni的占星學概念，說明古典占星學有當時時代嚴謹的天文背景來做計算和演繹。這本書啓發了英國卜卦占星再度復甦的重要人物——奧利維亞‧巴克萊（1917～2001）。

　　英國Derek Appleby受Ivy M. Goldstein Jacobson所寫的卜卦書籍的啓蒙，於西元1970年代就已開始講授並執業卜卦占星，在當時獨樹一幟，並不管他人異樣眼光。他與Geoffrey Cornelius、Maggie Hyde於西元1983年合組占星家公司（Astrologer's Company），裡面的成員素質都很優秀，現今都是英國重要的占星團體之一。Appleby於西元1985年出版《*Horary Astrology：An Introduction to the Astrology of time*》，此書易讀易懂，能引人注目。

　　西元1980年巴克萊購買到十七世紀英國最著名宮廷占星家威廉‧里利的巨著《*Christian Astrology*》，他整理其精要編成講義，開辦Qualifying Horary Practitioners課程（QHP），受到歡迎。西元1986年訪問美國紐約開課，由於里利清楚交待每個案例的推斷過程及實證應用，果斷明確，不似現代心理占星學最爲人詬病的模糊不清，因此這本書遂洛陽紙貴。巴克萊將其上課講義編纂，於西元1990年以書名《*Horary Astrology Rediscovery*》出版，國際占星泰斗羅伯特‧漢在書中的序言，

反思現代心理學的傲慢與缺陷，其大意約整理如下：

1. 現代心理占星學常指責傳統占星學就是算命，忽視古老傳統的真正說法，許多人未曾徹底閱讀原典，就跟著搖旗吶喊極力反對，批評古典占星家僅是人云亦云。

2. 現代心理占星家喜歡自由創新自己的學說，以致每個人都有一套，攪混占星學的一池春水，令人更茫然，無法看清真面目。

3. 亂用行星徵象，還拿小行星濫竽充數，未嚴格定義象徵的管轄事項。

4. 盲目樂觀，現代心理占星學似乎認為沒有事情是凶惡的，也沒有事情必然是吉的，亦即相位不管調和或不調和，人生是美好光明的，只要努力就可達成所願。

　　他推崇卜卦占星學相當實際，因卜卦需要答案，要彰顯答案就需要象徵明確且合乎邏輯，卜卦的練習可回到嚴謹的象徵，不認為這樣就是命定。而現代心理占星偏離一般人的日常生活，喜歡堆砌一些新名詞，看起來頗具學術性，卻一點意義也沒有，充滿傲慢與偏執，忽視傳統的強項。

　　羅伯特‧漢絕對是古典占星學復興運動的靈魂人物，他也曾醉心於榮格學說與人本主義，深究占星學的歷史發展與演變，故上述序言並非偏袒古典占星學，而是瞭解現代心理占星學的偏軌可能造成的傷害，不是號稱為新占星學就可任意恣為。

　　巴克萊的美國學生李‧雷曼（Lee Lehman），原本是現

代心理占星學家，本身是植物學博士，進一步瞭解植物藥用性質後，發覺中世紀許多醫學文獻涉及占星運用，而且都是市面稀少見到的古典法則，乃努力深研。她於西元1989年寫出《*Essential Dignities*》爲古典占星暖身，西元1996年出版的《*Classical Astrology for Modern Living*》相當暢銷，從副書名《*From Ptolemy to Psychology & Back Again*》，可知她的用心。

約在西元1980年代中期，英國的尼可拉斯‧坎普恩掌管FAS期間，和其同事Baigent曾相當用心地舉辦有關占星學歷史的相關講座，因當時占星學界對占星的歷史脈絡缺乏瞭解，大多倚賴學院派學者的研究資料，而他們的學術氣息太濃厚、關心的議題屬於文化間的傳承居多，占星技術和社會影響較爲欠缺，在坎普恩和Patrick Curry的努力及學院派的嚴謹考究下，占星學的歷史面貌更爲清晰，爲古典占星學的研究奠定基礎。

西元1992年4月，在美國華盛頓召開的United Astrology Congress（UAC），幾位名重一時的占星家，如羅伯特‧漢、Ken Negus、李‧雷曼、羅伯特‧左拉、Ellen Black（羅伯特‧修密特的老婆）……等人一起午餐，談到想翻譯希臘和拉丁時代的占星古籍加以保存，在當天稍晚，他們遇到坎普恩，談起這個計畫，獲得認同。羅伯特‧漢定名爲ARHT（Association for Retrieval of Historical Astrological Text），一致同意後，開始著手進行。因ARHT缺乏財務資金的基礎，逐由修密特原有的Project Hindsight支撐，希臘典籍由修密特負責，而中世紀阿拉伯及拉丁部分由

左拉擔綱，而羅伯特‧漢總其成，就每本書作序言或大綱要點介紹，並向外招收贊助者，回饋這些翻譯好的典籍。儘管後來他們三人因合作後許多理念摩擦而各自分開，對古典占星學的貢獻仍值得大書特書。

西元1990年代中期後，古典占星學逐漸受到重視，加上占星軟體及網路普遍，許多古典技巧的應用，明確點出事件核心，相當令人驚奇，接受度漸高，也一掃西元1980年之前的委屈受辱。Carol A. Wiggers和蘇‧沃德合作發行《*The Horary Practitioner*》，在美國教授威廉‧里利的卜卦技巧，Wiggers的西班牙裔學生Anthony Louis於西元1991年撰寫《*Horary Astrology*》，後於1998改版，因白話解說、案例甚多、容易自學，帶動卜卦占星的流行。

巴克萊在英國的學生狄波拉‧赫汀在西元1993年發行《*The Traditional Astrologer*》，用心地推廣古典占星技巧，步入二十一世紀後，架構古典占星網站Skyscript，後來又在網內成立論壇，熱心地推動古典占星，巴克萊另二名英國學生約翰‧佛洛里、Maurice McCann也著書立說、或成立網站宣揚；而修密特的學生克里斯‧布倫南及德梅特拉‧喬治也頗具功力。另外左拉的學生班傑明‧戴克博士，本身專攻亞里斯多德和斯多葛哲學，描述古典占星學的價值，提供相當合乎邏輯的基礎，因他精通拉丁文及熟悉阿拉伯文，很認真用心地翻譯中世紀重要的阿拉伯占星原典，比對各書的說法或出處，讓研習者掌握原意，功不可沒。

　　另外，西元2013年8月過世的美國AFA資深研究員詹姆士‧霍登，學習過拉丁文、法語及德語，堅守古典占星學的立場，努力收集、收藏稀有書籍，很樸素紮實地耕耘，終於為古典占星學的復興帶來光明，二十世紀後期就已翻譯阿拉伯／中世紀的書籍，二十一世紀後陸續譯出莫林的部分資料，給愛好莫林但不懂法文或拉丁文的讀者相當大的方便。

　　以上所述就是古典占星學復興的大致梗概。

五、古典占星學與現代心理占星學的比較

　　百餘年來，現代心理占星學批判古典占星學不遺餘力，最典型的是Glenn Perry發表在《NCGR》2007年冬季季刊第19至36頁的〈From Ancient to Postmodern Astrology：Toward A New Synthesis〉，此處先列出他對兩者的比較。

	古典占星學	現代心理占星學
A. **意識的進化為** **一般趨勢**	發展於人類意識較低水平時期，因而不夠聰明、充滿孩子氣、幼稚或不夠成熟、過於簡單，道德判斷僅思及個人需要，因害怕而想要控制。	發展於人類意識水平較高的現代時期，較為理性、合乎邏輯、較具生產性、強調命主的個人成長、內在與外在的協調，可自由意志地發揮。
B. **焦點在命定**	事件導向與命定有關，可稱之為命定論（Fatalism），預測與控制變成主要的價值。 傳統占星學家因季節固定重複，相信未來可預測。 強調命定，人類一切事務由外部決定，不用為個人生活行為負責。	強調內在心理分析，透過命盤徵象解析命主的心理情結（Complex），難以理解的、內在心靈的發展過程，即心理動力。內在和外在條件建構一個循環、交互的關係。命主能自由選擇、為自己的行為負責，促使個人與宇宙同時成長。

	古典占星學	現代心理占星學
C. 自我中心	因命定，一切思維都在預測和控制，這源自於個人的自我中心，希望增強吉利、降低凶險。	不談吉凶，人類所有生活的經驗都可促進成長，即使遭逢違逆亦同，若是意圖避免，反而形成神經質。
D. 氣質 （Temperament） 的描述	氣質理論僅描述命主與生俱來的特質，焦點集中在僵化、表面的特徵、或吉與凶的特性……等，非隨生活經驗累積而進化的。	解釋分析個性，從表面到深層，及終於根本的動機、內在的衝突、心理情結、潛意識……等整合成人格。
E. 價值判斷	天宮圖的要素，如行星、星座、宮位都賦予吉凶特質，傳統占星學家據此推演事件的吉凶，不理性的天空星象信仰，只帶來負面和害怕的情結。	任何要素一體兩面，不強調事件吉凶，但天宮圖存在著壓力，現代心理占星學根據學習的模型因而能成長。
F. 僵化的技巧	傳統占星學書籍充斥著論斷要訣，語不驚人死不休，給人的印象毫無例外地無法逃避。僅集中於命盤會發生什麼？何時發生？	天宮圖結構呈現內在和外在意義的一致性（同時性），因為有內、所以有外（As within, so without）。內在心靈的動態經同時性反應於外在環境，更重要的是內在因素會進化（整合、轉化）。
G. 有效性的懷疑	傳統占星學所重視的星座主管行星、旺宮、三分性、界，是隨意製造的，僅出自於想像，其他的希臘點（阿拉伯點）、晝夜區分、外觀、流年小限……等傳統技巧如出一轍，故其有效性值得懷疑。	
H. 強調確定性	許多傳統占星學家聲稱能得到確切的結果，而且準驗異常。	命盤無法提供單一的結果，故論斷不可能確定。 即使有單一結果確定，也須經命主自我瞭解才能對命主真正有益。

　　本人已在天人之際占星學會的部落格，針對涉及到古典與現代心理占星學的哲學問題予以回應，有興趣的讀者可以前往點閱。

　　坦白說Glenn Perry所言並非全然無理，古典占星學確實較爲宿命論，但它也相對比現代心理占星的天馬行空較爲明確清晰，故以古典法則判斷爲業者，應常警惕於心，別自以爲神仙下凡，太鐵口直斷，須秉持人性關懷，去分析事件吉凶的因應。

　　至於現代心理占星學的偏執及缺失，可參考羅伯特‧漢的說法。本書作者班傑明‧戴克博士在前言提及古典占星學的價值與概念，值得細細品味，第十五章〈古典占星的常見問題〉更有助於雙方鴻溝的弭平，讀者可自行閱讀。

　　接著我們比較兩者在技術上的重大差異：

古典占星學	現代心理占星學
奠基於天文星象的直接觀測，並體認它的象徵意義。	不重視天文星象，喪失占星學建構的原始精神。
晝夜區分、行星的東出／西入、順行／逆行、與太陽的相對位置，如逢焦傷。	僅是在神話中找出原型依託，憑空想像。
主要以傳統七大行星為主，或加上三顆外行星。	採用十大行星，甚或小行星，如凱龍星。
行星有基本本質的吉凶之分。	行星沒有吉凶的差別。
十二星座，有特殊的分類，如豐碩／荒地……，各具意義。	十二星座配合四大元素，強調三方四正的心理特性分析。

古典占星學	現代心理占星學
星座是行星力量強弱顯現的關鍵，分成八類：廟、旺、陷、弱、三分性、界、外觀、外來的。是事件預測吉凶核心之一。	行星在星座，都以心理特性描述，不管吉凶。
十二後天宮各自管轄不同的人、事、物，如第二宮為金錢事物。 十二後天宮分成始宮／續宮／果宮，配合不合意星座的概念，衍生出吉凶宮的分別，吉宮：1、4、7、10、5、11、9，凶宮：6、8、12。	以我為中心，十二宮的每一宮，都是我的心理領域，如二宮是我的金錢價值觀，完全沒有吉凶宮的分別。
通常會採用恆星，或不用。	不用恆星。
採用阿拉伯點、命定度數、危險度數幫助宮位應驗事項的分辨，或不用。	不用阿拉伯點，或僅保留幸運點。
相位，以行星為中心，有各自不同的容許度，組合成相位，或以整個星座論相位。 僅採用托勒密相位：♂ ✳ □ △ ☌ 行星的刑沖和吉祥相位，配合行星力量強弱，常是事件吉凶應驗的主要因素。	以相位為相位建構容許度範圍。 主相位、次相位、小相位。 行星相位結構是心理情緒的關鍵，較少談論吉凶。
入相位、離相位、光線傳遞或集中、返回、挫敗、月亮空虛、映點／反映點、平行相位／反平行相位，都具天文星象意涵，在本命、卜卦、擇日、國運的分別運用。	完全不論，多數人不懂或認為不值得一提。 比較著重在本命占星學。
定位星或最終定位星的論斷，容納、互容的應用。	不論。
宮主星或Almuten的重要。	不用宮主星，少數有用宮主星。
轉宮衍生宮的運用。	不用衍生宮。
運勢的推論有大限和Firdaria……小限的三合一整合、太陽回歸法、太陽弧、主限向運法、界主星的配置法、太陰流月法……。	次限推運配合過運，或僅採用過運。

　　就技術層面而言，顯然古典占星學較為豐富。筆者一生酷愛術數，從紫微斗數、八字、七政四餘、現代心理占星學、印度占星學到古典占星學，自認皆涉獵甚深，但最讓個人傾心的還是古典占星學，因為它的大多數技術源自天文星象，容易體認，儘管仍有些源自太古老的智慧，無法探查其出處，但實證上尚不需擔心。至於古籍記載的斷訣太僵硬命定，常被詬病，相信是應用存乎個人之心，不會那麼死執的。誠如戴克博士所言，古典占星學比較貼近一般社會的生活經驗，符合普羅大眾的需求。

附錄：西元1914年4月29日4:15 PM 倫敦卜卦盤

a. 時間主星水星位於第七宮訴訟宮，符合根本性
   （Radicality），亦即可以論斷。

b. ASC天秤座7°18'為亞倫·里歐，其主星金星位於八宮，心
   境必然陰霾藏在內心，幸ASC主星入廟於金牛座27°39'，但
   對沖幸運點，隱含運氣不佳。

c. 第七宮牡羊座7°18'為控方，其宮主星火星入弱於巨蟹座
   28°56'，雖入十宮始宮，但本質力量較弱。

d. 共同主星月亮在雙子座25°31'，它也是火星的定位星，月亮
   呈現空虛（注意：當時冥王星尚未被發現）較難成事。

e. 根據金星力量大於火星且金星六分相於火星的吉相，而月亮
   又空虛，應視這些狀況而推論為沒事。

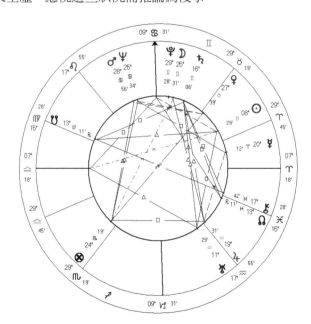

後記

　　在本書中，我整理了許多理論基礎，但實際上這些只是古典占星淺顯的內容而已，我希望讀者不僅止於研讀基礎的內容，而是將這些基本觀念實際運用在判讀星盤上。

　　古典占星的復興運動，是由許多學者與職業占星家所倡導推廣，近年來持續發揮其能量與活躍度，你可能會期盼深入研究並建構更多古典的法則與觀念，即使不是如此，也可能會想要知道這些先進們，在學術與應用面上所付出的努力——且多數人其實並未留名於史。我衷心希望你們能因為對占星學的熱愛，而獲得更多的成功與幸福。

附 錄 A ： 延 伸 閱 讀

以下列出許多重要、且現今已以英文書寫的古典占星著作與資料來源，但基於篇幅有限之故，無法列出所有的書籍。在以下的分類中，我特別以*標示出適合初學者閱讀的著作，有時也會在書目提要之後加上註釋。

初學者需知：閱讀古典文獻不像閱讀現代著作，許多占星師會以較為文學的筆觸寫作，有些作者則會假設你已經懂得某些專有名詞；也有些作者在詮釋某項事物時，會列出一長串的狀態與可能性。閱讀這些內容的重點在於，放慢腳步。好消息是，當你閱讀下列古籍時所會遇上的狀況，本書已經幫你預備設想好了。

占星歷史

Campion, Nicholas, *The Great Year*（London: Arkana, 1994）

Campion, Nicholas, *The Dawn of Astrology: A Cultural History of Western Astrology*（London: Continuum Books, 2008）

Campion, Nicholas, *A History of Western Astrology: The Medieval and Modern Worlds*（London: Continuum Books, 2009）

*Holden, James H., *A History of Horoscopic Astrology*（Tempe, AZ: American Federation of Astrologers, Inc., 1996, update 2006）這是一本很棒的歷史指引，其中包含人物、著作，甚至也溯及至現代時期。

占星介紹與基本觀念

Abu Ma'shar, *Great Introduction to the Science of the Judgments of the Stars*, Benjamin Dykes trans.（Minneapolis: The Cazimi Press, forthcoming）

Avelar, Helena and Luis Ribeiro, *On the Heavenly Spheres: A Treatise on Traditional Astrology*（Tempe, AZ: The American Federation of Astrologers, 2010）

Bonatti, Guido, *Bonatti on Basic Astrology*, trans. and ed. Benjamin N. Dykes（Minneapolis, MN: The Cazimi Press, 2010）

254

Bonatti, Guido, *The 146 Considerations,* trans. and ed. Benjamin N. Dykes
（Minneapolis, MN: The Cazimi Press, 2010）

Dykes, Benjamin trans. and ed., *Introductions to Traditional Astrology: Abu
Ma'shar & al-Qabisi*（Minneapolis, MN: The Cazimi Press, 2010）這本書係翻譯
整合兩本占星介紹書籍，並附上許多圖解與我的註釋。

Ibn Ezra, Abraham, *The Beginning of Wisdom*, trans. Meira Epstein, ed. Robert
Hand（Arhat Publications, 1998）

Morin, Jean-Baptiste, trans. Richard S. Baldwin, *Astrologia Gallica Book 21:
The Morinus System of Horoscope Interpretation*（Tempe, AZ: American
Federation of Astrology, Inc., 2008）相當棒的占星基本指導書籍，主要是描繪
行星所在宮位與主管宮位，以及更多其他的內容。初學者可跳過直接從第二
部分的第二章開始。

Sahl bin Bishr, *The Introduction and The Fifty Judgments*, in Dykes, Benjamin
trans. and ed., *Works of Sahl & Māshāállāh*（Golden Valley, MN: The Cazimi
Press, 2008）

Schmidt, Robert H. trans. and ed., *Definitions and Fundations* （Cumberland,
MD: The Golden Hind Press, 2009）本書難度較高。

本命與預測

Avelar, Helena and Luis Ribeiro, *On the Heavenfy Spheres: A Treatise on
Traditional Astrology*（Tempe, AZ: The American Federation of Astrologers,
2010）

Bonatti, Guido, *Bonatti on Nativities*, trans. and ed., Benjamin N. Dykes
（Minneapolis, MN: The Cazimi Press, 2010）

Dorotheus of Sidon, *Carmen Astrologicum*, trans. David Pingree（Abingdon,
MD: The Astrology Center of America, 2005）

Dykes, Benjamin trans. and ed., *Persian Nativities* vols. I－III （Minneapolis,
MN: The Cazimi Press, 2009－10）初學者可先讀Abu 'Ali的第一卷與'Umar的第
二卷。第三卷是在說明推運預測的技巧（如太陽回歸〔solar revolution〕、小
限法〔profections〕、主星配置法〔distributions〕等），初學者與進階者皆

可在本書中得到許多資料。

Firmicus Maternus, trans. James Holden, *Mathesis* （Tempe, AZ: The American Federation of Astrologers, 2011）

Gansten, Martin, *Primary Directions: Astrology's Old Master Technique* （England: The Wessex Astrologer, 2009）我讀過最好的主限象運法書籍，本書大部分的內容並非數學運算，但它將許多運算式放在附錄中。

George, Demetra, *Astrology and the Authentic Self* （Lake Worth, FL: Ibis Press, 2008）本書以古典占星的技巧，說明現代相當精彩的案例。

Ibn Ezra, Abraham, *The Book of Nativities and Revolutions*, trans. and ed. Meira B. Epstein and Robert Hand （ARHAT Publications, 2008）

Lilly, William, *Christian Astrology* Vol. III, ed. David R. Roell（Abingdon, MD: Astrology Center of America, 2004）

Māshāállāh *On the Significations of the Planets in a Nativity* and *What the Planets Signfy in the Twelve Domiciles of the Circle*, in Dykes, Benjamin trans. and ed., *Works of Sahl & Māshāállāh*（Golden Valley, MN: The Cazimi Press, 2008）

Ptolemy, Claudius, *Tetrabiblos*, trans. F.E. Robbins（Cambridge, MA: Harvard University Press, 1998）

Rhetorius of Egypt, *Astrological Compendium*, trans. and ed., James H. Holden （Tempe, AZ: American Federation of Astrologers, Inc., 2009）

卜卦占星

*Bonatti, Guido, *Bonatti on Horary*, trans and ed. Benjamin N. Dykes （Minneapolis, MN: The Cazimi Press, 2010）

*Bonatti, Guido, *The 146 Considerations*,trans and ed. Benjamin N. Dykes （Minneapolis, MN: The Cazimi Press, 2010）

Dykes, Benjamin trans. and ed., *The Forty Chapters of al-Kindī*（Minneapolis, MN: The Cazimi Press, 2011）

Dykes, Benjamin trans. and ed., *The Search of the Heart* （Minneapolis, MN: The Cazimi Press, 2011）

256

Dykes, Benjamin trans. and ed., *The Book of the Nine Judges*（Minneapolis, MN: The Cazimi Press, 2011）

Lilly, William, *Christian Astrology*, vols. I-II, ed. David R. Roell（Abingdon, MD: Astrology Center of America, 2004）這本書為經典文獻，但對初學者來說可能過於困難。

Māshāállāh, *On Reception*, in Dykes, Benjamin trans. and ed., *Works of Sahl & Māishāálāih*（Golden Valley, MN: The Cazimi Press, 2008）

擇日占星

*Bonatti, Guido, *Bonatti on Elettions*, trans. and ed. Benjamin N. Dykes（Minneapolis, MN: The Cazimi Press, 2010）

Dykes, Benjamin, *Traditional Electional Astrology*（Minneapolis, MN: The Cazimi Press, 2012）

Sahl bin Bishr, *On Elections*, in Dykes, Benjamin trans. and ed., *Works of Sahl & Māishāálāih*（Golden Valley, MN: The Cazimi Press, 2008）

時事與氣象占星

Abū Ma'shai al－Balhi, *On Historical Astrology: The Book of Religions and Dynasties（on the Great Conjunctions）*, vols. I-II, eds. and trans. Keiji Yamamoto and Charles Burnett（Leiden: Brill, 2000）

*Bonattti, Guido, *Bonatti on Mundane Astrology*, trans. and ed. Benjamin N. Dykes（Minneapolis, MN: The Cazimi Press, 2010）

Dykes, Benjamin, *The Astrology of the World: Tradtional Mundane Astrology*（several volumes）（Minneapolis, MN: The Cazimi Press, 2012）

Māishāálāih: *On the Roots of Revolutions, Chapter on the Rains in the Year, On the Revolutions of the Years of the World*, in Dykes, Benjamin trans. and ed., *Works of Sahl & Māishāálāih*（Goldeen Valley, MN: The Cazimi Press, 2008）

Ptolemy, Claudius, *Tetrabiblos* vol. II, trans. F.E. Robbins（Cambridge, MA: Harvard University Press, 1998）

相關網站

ARHAT：www.robhand.com

Benjamin Dykes：www.bendykes.com

Bernadette Brady：www.bernadettebrady.com

Chris Brennan：www.chrisbrennanastrologer.com

Christopher Warnock：www.renaissanceastrology.com

David Hermandez（西班牙文）：www.astrologiaholistica.com

Deb Houlding（Skyscript）：www.skyscript.co.uk

Demetra George：www.demetra-george.com

Hellenistic Astrology：www.hellenisticastrology.com

John Frawley：www.johnfrawley.com

Lee Lehman：www.leelehman.com

Project Hindsight：www.projecthindsight.com

Robert Zoller：www.virginastrology.com

Sue Ward：www.sue-ward.co.uk

附錄B：重要的中世紀占星著作集結

重要的中世紀占星著作是一系列的自修著作專案集結，以重新定義古典占星
的輪廓。其中主要涵蓋以波斯與阿拉伯文中世紀占星家的譯著，也包含各項
占星學的主要科目，以及哲學的論述與魔法，此集結也收錄一些基本介紹的
著作、專題著作與廣論類型的著作（包含中世紀後期與文藝復興時期的西方
拉丁著作），這些書籍在www.bendykes.com都可找到。

I.基礎介紹
★*Introductions to Astrology: Abū Ma'shar's Abbreviation of the Introduction, alQabīsī's The Introduction to Astrology*（2010）
★Abu Ma'shar, *Great Introduction to the Knowledge of the Judgments of the Stars*（2012－13）
★*Basic Reading in Traditional Astrology*（2012－13）

II.本命占星
★*Persian Nativities I: Māshā'allāh's The Book of Aristotle, Abū 'Ali alKhayyat's On the Judgments of Nativities*（2009）
★*Persian Nativities II:* 'Umar al-Tabarī's *Three Books on Nativities,* Abu Bakr's *On Nativities*（2010）
★*Persian Nativities III*: Abu Ma'shar's *On the Revolutions of Nativities*（2010）

III.卜卦占星
★Hermann of Carinthia, *The Search of the Heart*（2011）
★Al-Kindl, *The Forty Chapters*（2011）
★Various, *The Book of the Nine judges*（2011）

IV.擇日占星
★*Traditional Electional Astrology*: Abū Ma'shar's *On Elections* and *Flowers of Elections*, 以及其他較短的著作（2012）

V.時事占星

★*Astrology of the World*（several volumes）: Abu Ma'shar's *On the Revolutions of the Years of the World, Book of Religions and Dynasties,* and *Flowers,* Sahl bin Bishr's *Prophetic Sayings*; 較少針對價格與氣候的著作（2012）

VI.其他著作

★Bonatti, Guido, *The Book of Astronomy*（2007）
★*Works of Sahl & Māshā'allāh*（2008）
★*A Course in Traditional Astrology*（TBA）
★Al-Rijāl, *On the Judgements of the Stars*（TBA）
★*Astrological Magic*（TBA）
★*The Latin Hermes*（TBA）
★Firmicus Maternus, *Mathesis*（TBA）

附錄C：練習題答案

第八章：尊貴力量的應用

1.月亮在巨蟹座，水星在雙子座，金星在金牛座，木星在雙魚座。

2.火星在巨蟹座。

3.太陽在金牛座，土星在雙魚座。

4.誠實的、受人尊敬的、好的天性、具有宗教或精神教化的子女；一般認知好的人生；對於木星象徵的事物；對法律或財務感興趣。

第九章：宮位

1.第一宮，因為她落在雙子座，為上升星座。

2.第四宮，因為他落在處女座，為第四個星座。

3.第十宮，因為他落在雙魚座，為第十個星座。

4.第四宮，因為他落在處女座，第四個星座，因為是象限宮位制的始宮，為強力而活躍的位置。

5.中等活躍，因為他落在象限宮位制從IC起算的續宮。

6.強而有力，因為他落在象限宮位制從MC起算的始宮。

第十章：相位與不合意：注視與盲點

1.沒有，她相對於金牛座為四分相的位置，相對於天秤座為六分相的位置。

2.沒有，他們是不合意的關係。

3.牡羊座。

4.有，剛好在容許範圍中。水星的容許度為左右兩側的7度範圍，因此他的正六分相會落在處女座12度52分，加上容許度則擴展至處女座19度52分；土星的容許度則在其兩側9度範圍，所以從他所在位置至19度39分，水星與土星各自的容許範圍恰好重疊，但是如果行星的容許度範圍能接觸到彼此星體的位置，這樣的六分相位會更為活躍。

5.沒有，月亮的容許度為12度，她的正對分相位落在處女座3度32分，加上容許度則擴展至15度32分，尚無法與土星的容許度範圍重疊。

第十二章：解讀星盤的兩個判斷法則

1. 當事人的財務狀況會與友誼有關，可能朋友會幫助當事人的經濟狀況，或者當事人會有突然的好運（第十一宮）而獲得金錢。

2. 當事人的職業會與負擔及苦勞，或者甚至與小動物有關，最有可能的是，當事人工作上承擔許多苦勞，卻沒有很大的名聲，這是因為第十宮與第六宮的自然徵象不甚和諧：第十宮代表名聲，第六宮代表勞力與沒沒無聞。

3. 當事人的自我價值與人生目的會跟子女與玩樂有關，舉例來說，當事人可能貢獻自己的人生，或者至少在情感上依賴於子女的人生。

詞彙表

以下的詞彙表大多出現在我的另一本著作《古典占星介紹》（*Introductions to Traditional Astrology, ITA*）中，這些名詞的進一步定義，可參閱該書。別被這眾多的專有名詞打倒，你早已經從現代占星的書籍中學到多數的內容，因為有些名詞係來自相同的古典詞彙，但因為翻譯而有所不同，有些名詞則屬於更進階的古典法則。

★ 優越（Advancing）：當行星落在**始宮**（Angles）或在續宮。詳見《古典占星介紹》III.3及Introduction §6。

★ 生命年歲（Ages of man）：將人類一生分為數個生命歷程期間，每個期間由不同的**時間主星**（Time lord）主管。詳見VII.3。

★ 友誼星座（Agreeing signs）：在此星座群組之下，它們之間具有某種和諧的性質。詳見I.9.5－6。

★ 壽命主（*Alcochoden*）：拉丁文對*Kadukhudhāh*此字之直譯。

★ 外國人（Alien）：拉丁文*alienus*。詳見**外來的**（Peregrine）。

★ *Almuten*：從拉丁文*mubtazz*翻譯而來，詳見**勝利星**（Victor）。

★ 始宮（Angles）、續宮（Succeedents）、果宮（Cadents）：將宮位區分為三種類別，以此判斷行星在這些類別中呈現力量與直接表現的能力，始宮為第1、10、7、4宮，續宮為第2、11、8、5宮，果宮為第12、9、6、3宮。但是實際的宮位位置，必須先確認所使用的宮位制：**整個星座宮位制**（Whole sign）或是**象限宮位制**（Quardrant house）來判斷，特別當古典文獻提到始宮或尖軸（pivot，希臘文kentron，阿拉伯文watad）的意義，是指（1）整個星座宮位制的**上升星座**（Ascendant）（以及其他尖軸星座），或是（2）ASC－MC兩軸線的所在度數，或是（3）以尖軸度數所計算的象限宮位制的始宮位置。詳見I.12－13、III.3-4以及Introduction §6。

★ 映點（Antiscia，單數，antiscion）：意思為「陰影投射」，就是指以魔羯座0度至巨蟹座0度為軸線，所產生的反射度數位置，例如，巨蟹座10度的映點反射位置為雙子座20度。詳見I.9.2。

★ 遠地點（Apogee）：一般而言，就是行星在其**均輪**（deferent）的軌道上與

地球相距最遠的位置點。詳見II.0-1。

★入相位（Applying, application）：意指行星處於**連結**（Connection）的狀態下，並在持續的運行中會確實完成連結。當行星**聚集**（Assembled）在同星座，或是以整個星座形成**相位**（Aspect），卻未形成緊密度數的相位連結關係，僅是「想要」去連結。

★上升（Arisings）：詳見**上升赤經**（Ascensions）。

★上升位置（Ascendant）：通常是指整個上升星座，但經常也會特別指上升位置的度數，在**象限宮位制**（Quardrant house）中，也指從上升度數至第二宮始點的區域。

★上升赤經（Ascensions）：係指天球赤道上的度數，用來衡量一個星座或是一個**界**（Bound）（或者其他黃道度數間距）通過地平線時，在子午線上會經過多少度數。這經常會使用在以上升赤經時間作為推運預測的技巧上，以此計算推運的近似值。詳見附錄E。

★相位／關注（Aspect / regard）：係指一行星與另一行星，以星座所相距的位置形成**六分**（Sextile）、**四分**（Square）、**三分**（Trine）或**對分相位**（Opposition）、關注關係，詳見III.6與**整星座宮位制**（Whole Signs）。而連結係指以較為緊密度數或容許度所形成的相位關係。

★聚集（Assembly）：係指兩個以上的行星落在同星座上，以及在15度內更緊密的距離。詳見III.5。

★不合意（Aversion）：係指從某個星座位置所起算的第二、六、八、十二個星座位置，例如：由巨蟹座起算時，行星落在雙子座為巨蟹座起算的第十二個星座，因此為不合意之位置。

★*Azamene*：相等於**慢性疾病度數**（Chronic illness）。

★凶星（Bad ones）：見**吉／凶星**（Benefic / malefic）。

★禁止（Barring）：當行星以自己本體或光線所形成的正**連結**（Connection）相位，去阻礙另一個行星。詳見III.14。

★吉／凶星（Benefic / malefic）：係指將行星分成幾個群組，代表一般所認知的「好事」的行星（木星、金星，通常還有太陽與月亮），與「壞事」的行星（火星、土星），水星則被視為性質變動。詳見V.9。

★吉星（Benevolents）：詳見**吉／凶星**（Benefic / malefic）。

★圍攻（Besieging）：相等於**圍牆**（Enclosure）。

★雙體星座（Bicorporeal signs）：相等於「雙元（共有）星座」（Common signs）。詳見**四正星座**（Quadruplicity）。

★護衛星（Bodyguarding）：在行星的相互關係中，某些行星能保護其他行星，應用在決定社會地位與顯耀度上。詳見III.28。

★界（Bounds）：係指在每個星座上分成不均等的五個區塊，每個界分別由五個**非發光體**（non-luminaries）行星所主管，有時候也稱為「terms」，界也是五種**必然尊貴**（Diginity）之一。詳見VII.4。

★光亮（Bright）、煙霧（Smoky）、空白（Empty）、暗黑（Dark）度數：在黃道上的特定度數會使行星或ASC的代表事項變得顯著或不明顯。詳見VII.7。

★燃燒（Burned up）：有時也稱為「焦傷」（Combust）。一般而言係指行星距離太陽1-7.5度的位置。詳見II.9-10與**在核心**（In the heart）。

★燃燒途徑（Burnt path）：拉丁文為*via combusta*，係指當行星（特別指月亮）落在天秤座至天蠍座的一段區域，會傷害其代表事項或無法發揮能力，有些占星家定義這個區域係從天秤座15度至天蠍座15度；其他占星家則認為是從太陽的**弱宮**（Fall）度數-天秤座19度的位置至月亮弱宮度數-天蠍座3度的位置。詳見IV.3。

★半日時（Bust）：係指從新月開始計算的特定小時，在擇日時，會分辨哪些時間為好與不好的小時，用來判斷某些事項的擇時選擇。詳見VIII.4。

★基本星座（Cardinal）：相等於「啟動星座」（Movable），詳見「**四正星座**」（Quadruplicity）。

★核心內（Cazimi）：詳見**在核心**（In the heart）。

★天球赤道（Celestial equator）：係指地球赤道投射至天空的一個大圈，為天球三種主要的座標系統之一。

★膽汁質（Choleric）：詳見**體液**（Humor）。

★慢性疾病度數（Chronic illness〔degree of〕）：某些特定度數因為與特定的恆星有關，會顯示慢性疾病的徵象。詳見VII.10。

★光線集中（Collection）：當兩個已形成整個星座**相位**（Aspect）關係的行星，彼此無法形成入相位的**連結**（Connection），但有第三個行星能與兩者

形成入相位關係。詳見III.12。

★焦傷（Combust）：詳見**燃燒**（Burned up）。

★命令（Commanding）／服從（obeying）：係指一項星座的區分方式，分別為命令或服從星座（有時會應用在**配對盤**〔synastry〕上）。詳見I.9。

★雙元（共有）星座（Common signs）：詳見**四正星座**（Quadruplicity）。

★相位型態（Configured）：形成整個星座**相位**（Aspect）的關係，無需以度數計算相位關係。

★行星會合（conjunction〔of planets〕）：詳見**聚集**（Assembly）與**連結**（Connection）。

★會合（Conjunction）／妨礙（prevention）：係指在**本命盤**（Nativity）中或其他星盤，最接近出生時刻前的新月（會合）或滿月（妨礙），那時月亮所在的位置。以妨礙為例，有些占星家會以月亮所在的度數，去觀察發光體至同度數，又在地平面上時的時間，為妨礙的時間。詳見VIII.1.2。

★連結（Connection）：當行星入相位至另一個行星（在同星座以星體靠近，或是以光線形成整星座的**相位**〔Aspect〕關係），從相距特定的度數直到準確位置。詳見III.7。

★轉變星座（Convertible signs）：相等於「啟動」星座，詳見**四正星座**（Quadruplicity）。

★敗壞（Corruption）：詳見**入陷**（Detriment）。

★扭曲（Crooked）／直行（straight）：係為一項星座區分的方式，有些星座升起較快速，較為平行於地平線；另一類星座上升較為慢速，且接近於地平線的垂直位置（直行或順行〔direct〕），從摩羯座至雙子座為扭曲的，而從巨蟹座至射手座為直行的。

★跨越（Crossing over）：當行星從準確**連結**（Connection）位置，開始變成**離相位**（Separate）。詳見III.7-8。

★光線切斷（Cutting of light）：係指三種狀況妨礙了行星產生**連結**（Connection），一為由後面星座出現的**障礙**（Obstruction），或是在同星座的**逃逸**（Escape），或是**禁止**（Barring）。詳見III.23。

★*Darījān*：係指另一種由印度占星所提出的**外觀**（Face）系統。詳見VII.6。

★外表（Decan）：相等於**外觀**（Face）。

★均輪（Deferent）：由行星之自體**本輪**（Epicycle）運行的軌道。

★下降（Descension）：相等於入**弱**（Fall）。

★入陷（Detriment）：或阿拉伯文的「敗壞」（Corruption）、「不良的」（Unhealthiness）、「損害」（Harm）。此名詞較廣泛的意義（如同「敗壞」的意義），係指行星處於任何受損害或運作受到阻撓（例如受到**焦傷**〔Combust〕）的狀態下，但是它也特別代表行星落在其**主管星座**（Domicile）的對面星座上（如同「損害」的意義），例如火星在天秤座為入陷。詳見I.6與I.8。

★右旋（Dexter，右邊〔Right〕）：詳見**左右旋**（Right / left）。

★直徑（Diameter）：相等於**對分相**（Opposition）。

★必然尊貴（Dignity）：拉丁文的「有價值」（worthiness），阿拉伯文的Hazz，代表「好運、分配」（allotment）。係指行星（有時也包含**南北交點**〔Node〕）所分配主管與負責任的五個黃道區域位置，通常會以下列順序所列示：**廟**（Domicile）、**旺**（Exaltation）、**三分性**（Triplicity）、**界**（Bound）、**外觀**（Face / decan）。每項必然尊貴都有其意義、效用及應用方式，其中兩種必然尊貴有其對向的位置：廟的對向位置為**陷**（Detriment），旺的對向位置為**弱**（Fall）。其配置狀況詳見I.3、I.4、I.6-7、VII.4；類比徵象的描繪詳見I.8；應用廟與界作為推運預測的方法詳見VIII.2.1、VIII.2.2f。

★向運法（Directions）：係為預測推運的方法，托勒密定義此方法係依照半弧的比例推算，比使用**上升赤經**（Ascensions）時間（譯註：為希臘時期一種較為粗糙的向運法）更為精確。但這個方法在推進的方式上仍有些紊亂，主要在於天文上計算推進的方式與占星師判讀星盤的差異，就天文來說，在星盤上的一個點（徵象星〔the significator〕）被認為是靜止的，但是因為天體會以**主限運動**（Primary motion）持續運轉，所以其他行星（允星〔promittors〕）仍持續往前，以兩者相距度數（或是以**界**〔Bound〕）計算相位，直到允星確實連結徵象星。徵象星與允星之間的相距度數，則會被轉換成為生命的年歲。但是就星盤判讀而言，徵象星從黃道的逆時鐘順序中被**釋放**（Released）了，因此可透過不同界的**配置**（Distributes），或是與允星會合或形成確切相位關係。之後才以**上升赤經**（Ascension）

推進做預測，即便最後的結果是一樣的。後代有些占星師允許以徵象星／釋放星對允星間的距離，用來計算推進時間，所以除了古典的「順行」（direct）推運之外，還出現了「逆行」（converse）推運。詳見VIII.2.2、附錄E，與Gensten的著作。

★不理會（Disregard）：相等於**離相位**（Separation）。

★配置法（Distribution）：係指**釋放星**（Releaser，經常就是指**上升位置**〔Ascendant〕的度數）推進於不同的**界**（Bound）上，每個界所配置的**主星**（Lord）稱為「配置者」（distributor），**釋放星**（Releaser）以會合或是以相位關係所遇到的任何行星則稱為「**搭檔星**」（Partner）。詳見VIII.2.2f與PN3。

★配置星（distributor）：係指由**釋放星**（Releaser）所推進的**界主星**（Bound Lord）。詳見**配置**（Distribution）。

★日／夜間（Diurnal / nocturnal）：詳見**區分**（Sect）。

★支配（Domain）：係指**區分**（Sect）與**陰陽**（Gender）行星的狀態。詳見III.2。

★廟（Domicile）：係指五種**必然尊貴**（Diginity）之一，黃道上的每個星座皆有其主管的行星，例如，火星主管牡羊座，所以火星就會是牡羊座的**廟主星**（Lord）。詳見I.6。

★衛星（Doryphory）：希臘文doruphoria，相等於**護衛星**（Bodyguarding）。

★龍首尾（Dragon）：詳見**南北交點**（Node）。

★Dodecametorion：相等於**十二個部位**（Twelfth-Part）。

★十二體分*Duodecima*：相等於**十二個部位**（Twelfth-Part）。

★*Dustūrīyyah*：相等於**護衛星**（Bodyguarding）。

★東西方（Eastern / western）：係指太陽的相對位置，指行星較太陽早升起（東方）或是較太陽晚降落（西方），通常稱之為「東出」（oriental）與「西入」（occidental），但不同的占星師對於確切東西方的區分則有不同的定義。詳見II.10。

★黃道（Ecliptic）：係指由太陽在天空中所運行的軌道，此軌道也被定義為黃緯0度的位置。

★擇日（Election）：文義上為「選擇」（Choice）。為了進行某個行為，或

是為了避免某些事，而考慮選擇一個適當的時間作為啟始時間；但通常占星師是指所選擇的時間星盤。

★ 三方元素（Element）：四種基本性質：火、土、風、水。用來描繪物質與能量的運作方式，並以此描繪行星與星座的徵象與運作型態，另外更常以四種基本性質（冷、熱、乾、濕）的成對性質去描述一項元素與行星。例如，牡羊座是火象星座，屬於熱與乾的性質；水星通常被視為冷與乾（土象）的性質。詳見I.3、I.7與Book V。

★ 空虛（Emptiness of the course）：中世紀的定義是，當行星無法在它當時的星座內完成相位連結（Connection）。希臘占星的定義是，當行星無法在30度內完成相位連結。詳見III.9。

★ 包圍（Enlosure）：當行星兩邊都以光線或是星體遇上凶星（Malefic）（或相反地，皆為吉星〔Benefit〕）形成容許度內或整星座的相位。詳見IV.4.2。

★ 本輪（Epicycle）：係指行星在均輪（Deferent）上，本身所運行的圓形軌跡。詳見II.0-1。

★ 等分圓（Equant）：係指用來衡量行星平均移行位置的圓形軌跡。詳見II.0-1。

★ 逃逸（Escape）：當一個行星想要與第二個行星連結（Connect），但是在相位連結未完成時，第二個行星已移行至下一個星座，所以第一個行星便轉而與另一個無關係的行星連結（Connection）。詳見III.22。

★ 必然／偶然尊貴（Essential / accidental）：一項常見的行星狀態的區分方式，通常依據必然尊貴（Essential，詳見I.2）高低，與其他狀態，如相位（Aspect）（偶然尊貴）。詳見IV.1-5中許多偶然尊貴的狀態。

★ 旺（Exaltation）：五種必然尊貴（Dignity）之一，行星（或者也包含月亮交點〔Node〕）在此星座位置時，其所象徵的事物將會特別具有權威與提升，入旺有時專指落在此星座的某個特定度數。詳見I.6。

★ 外觀（Face）：五種必然尊貴（Dignity）之一，係從牡羊座為起點，以10度為一個單位，將黃道分為36個的區間。詳見I.5。

★ 照面（Facing）：係指行星與發光體（Luminary）之間的關係，如果它們各自所在的星座與它們主管星座（Domiciles）的距離是相等的，例如，獅

子座（太陽所主管的星座）在天秤座（金星所主管的星座）**右側**（Right）
相距兩個星座的位置，當金星為**西入**（Western）且相距太陽兩個星座的位
置，則稱金星與太陽照面。詳見II.11。

★弱（Fall）：係指行星入**旺**（Exaltation）星座的對面星座位置。詳見I.6。

★陰性（Feminine）：詳見**性別**（Gender）。

★野生的（Feral）：相等於**野性的**（Wildness）。

★法達運程法（*Firdārīyyah*）：複數（*firdārīyyat*），為一種**時間主星**（Time
Lord）法，以每個行星主管不同的人生主期間，每個主期間再細分為七個次
期間。詳見VII.1。

★堅定（Firm）：如果是指固定星座，詳見**四正星座**（Quadruplicity）；如果
是指宮位，詳見**始宮**（Angles）。

★固定星座（Fixed）：詳見**四正星座**（Quadruplicity）。

★外國的（Foreign）：拉丁文*extraneus*，通常相等於**外來的**（Peregrine）。

★吉星（Fortunes）：詳見**吉／凶星**（Benefic / malefic）。

★性別（Gender）：係指區分星座、度數、行星，與時間之雄性與陰性的類
別。詳見I.3、V.10、V.14、VII.8。

★慷慨與吉星（Generosity and benefits）：係指星座與行星之間的好關係。
詳見III.26之定義。

★吉象（Good ones）：詳見**吉／凶星**（Benefit / malefic）。

★大、中、小年（Greater, middle, lesser years）：詳見**行星年**（Planetary
years）。

★*Ḥalb*：可能是區分（Sect）的波斯文，但是通常是指喜樂的狀態（rejoicing
condition）。詳見III.2。

★*Ḥayyiz*：「支配」（domain）的阿拉伯文，通常是加上性別區分狀態的Ḥalb。
詳見III.2。

★六角位（Hexagon）：相等於**六分相**（Sextile）。

★*Hīlāj*：即為「釋放星」（Releaser）的波斯文，相等於「**釋放星**」
（Releaser）。

★卜卦占星（Horary astrology）：係為占星學的一個支派，主要的判斷在於
詢問與回答問題。

★時間（Hours）主星（planetary）：係指在日間與夜間，配置行星主管每個小時，日間（相反地就是夜間）小時區分為十二等份，每個期間都由當天的日主星主管第一個小時，然後再以行星次序依次主管隨後的每小時，星期天由太陽主管日出後的第一個行星小時，再來依次為金星、水星、月亮、土星等等。詳見V.13。

★體液（Humor）：係指身體內的四種液體（來自古代醫學之定義），依據體液的平衡決定身體健康與否，以及**氣質**（Temperament）（包含外觀與能量的均衡）。膽汁質（choler）或是黃膽汁質（yellow bile）與火象星座及易怒氣質（choleric temperament）有關；血液質（blood）與風象星座及樂觀氣質（sanguine temperament）有關；黏液質（Phlegm）則與水象星座與遲鈍的氣質有關（Phlegmatic temperament）；黑膽汁質與土象星座與憂鬱氣質（melancholic temperament）有關。詳見I.3。

★核心內（In the heart）：通常在英文文章常稱之為*Cazimi*，來自阿拉伯文的*kaṣmīnī*。係指行星位在與太陽同度數（根據薩爾與雷托瑞斯〔Rhetorius〕的說法），或是距離太陽16分內的位置，稱為核心內。詳見II.9。

★指示者（Indicator）：當出生時間不確定時，某個度數可用來指出本命**上升**（Ascendant）位置的近似位置。詳見VIII.1.2。

★內行星（Inferior）：係指在地球至太陽軌道間的行星：金星、水星、月亮。

★凶星（Infortunes）：詳見**吉/凶星**（Benefic / malefic）。

★*Ittiṣāl*：相等於**連結**（connection）。

★喜樂（Joys）：係指行星落在「歡喜」（rejoice）的地方，可以有所表現或是表現它們的自然象徵意義。宮位的喜樂位置詳見I.16；星座的喜樂位置詳見I.10.7。

★*Jārbakhtār*：係來自「時間的配置者」（distributor）的波斯文，相等於**配置星**（Distributor）。詳見**配置**（Distribution）。

★*Kadukhudhāh*：係來自「廟之主人」（domicile master）的波斯文，係指長期**釋放星**（Releaser）的主星之一，最好就是**界主星**（Bound Lord）。也相等於當**釋放星**推進至不同界的**配置者**（Distributor）。詳見VIII.1.3。

★*kaṣmīnī*：詳見**核心內**（In the heart）。

★王國（Kingdom）：相等於**旺**（Exaltation）。

★賞賜與償還（Largesse and recompense）：係指行星間的交互關係，當行星在其入**弱**（Fall）或在**井**（Well）中的位置而被解救，也會對其他入弱或在井中的行星回報予恩惠。詳見III.24。

★帶領主星（Leader）：拉丁文dux，相等於某個主題的徵象主星。阿拉伯文的**「徵象主星」**（Significator）的意義是：事件的徵象需透過這件事的特點來代表，因此某個主題或事件的徵象主星可以「帶領」（leads）占星師去找出答案。在此係依據較不常見的拉丁譯文（如：雨果及赫曼的翻譯）。

★年主星（Lord of the Year）：係指**小限**（Profection）的**年主星**（Domicile Lord），依據波斯的學說，太陽與月亮不會成為主要的年主星。詳見VIII.2.1、VIII.3.2與附錄F。

★主星（Lord）：係指派一行星主管某個**尊貴**（Dignity）位置，但有時直接用這個名詞代表**廟主星**（Domicile Lord），例如，火星是牡羊座的廟主星。

★特殊點（Lot）：有時會稱為「特殊部位」（Parts），係以星盤中三個部位的位置所計算出同比例之處（通常是以整個星座去看待此位置）。一般來說，會依據黃道次序，計算其中兩個位置的間距，然後再以第三個位置（通常是ASC）為始點，往前推算等間距的位置，就是所計算的特殊點位置。特殊點可用在星盤的說明以及流年預測上。詳見Book VI。

★發光體（Luminary）：係指太陽與月亮。

★凶星（Malefic）：詳見**吉／凶星**（Benefic / malefic）。

★惡意的（Malevolents）：詳見**吉／凶星**（Benefic / malefic）。

★陽性（Masculine）：詳見**性別**（Gender）。

★憂鬱質（Melancholic）：詳見**體液**（Humor）。

★中天（Midheaven）：係指由上升星座所起算的第十個星座，也指天球子午線（celestial meridian）所在的黃道度數。

★啓動星座（Movable signs）：詳見**四正星座**（Quadruplicity）。

★*Mubtazz*：詳見**勝利星**（Victor）。

★變動星座（Mutable signs）：相等於「雙元共有星座」（common signs），詳見**四正星座**（Quadruplicity）。

★Namūdār：相等於**指示者**（Indicator）。

★當事人（Native）：係指出生星盤的當事人。

★本命盤（Nativity）：一般專指出生時間，但占星師用來稱呼以出生時刻所繪製的星盤。

★九部分（Ninth-parts）：係指將每個星座區分為九等份，每個等份為3度20分，各有不同的主管行星。有些占星家會在**週期盤**（Revolution）的判斷時，加上此方法去做預測推論。詳見VII.5。

★貴族（Nobility）：相等於**旺**（Exaltation）。

★南北交點（Node）：係指當行星軌道交會至黃道上的點，位於北緯（稱為北交點〔North Node〕或是龍首〔Head of the Dragon〕）、位於南緯（稱為南交點〔South Node〕或是龍尾〔Tail of the Dragon〕），但是通常只考慮月亮的交點。詳見II.5與V.8。

★北方／南方（Northern／southern）：係指行星位於黃道帶的南北緯上（相對於黃道位置），或是指行星位於南北赤緯（相對於天球赤道）。詳見I.10.1。

★斜上升（Oblique ascensions，OA）：斜上升通常用於**上升赤經**（Ascensions）時間或主限**向運法**（Directions）的預測推算上。

★妨礙（Obstruction）：係指當一個行星前移至第二個行星（想要與其完成**連結**〔Connection〕），但是第三個行星卻在較後面的度數位置**逆行**（Retrograde），先與第二個行星完成連結，再與第一個行星完成連結。詳見III.21。

★西入（Occidental）：詳見**東／西方**（Eastern／western）。

★門戶洞開（Opening of the portals／doors）：係指天氣變化或下雨的時間，可由特定的**過運**（Transit）來判斷。詳見VIII.3.4。

★對分相（Opposition）：係指**整星座制**（Whole Sign）或容許度制的一種**相位**（Aspect），形成此相位的兩個行星彼此落在相距180度的星座上，例如，落在牡羊座的行星與天秤座的行星形成對分相。

★容許度／星體（Orbs／bodies）：「容許度」（orb）是拉丁文的稱呼，阿拉伯占星家則稱為「星體」（body，阿拉伯文*jirm*），係指每個行星從星體或其位置的兩側，產生能量或影響力的範圍，以此決定不同行星間交互影響的強度。詳見II.6。

★東出（Oriental）：詳見**東／西方**（Eastern／western）。

★戰勝（Overcoming）：係指一行星落在另一個行星所起算的第十一、第十或第九個星座〔也就是在其較高的**六分相**〔Sextile〕、**四分相**〔Square〕或**三分相**〔Trine〕的位置），且落在第十個星座顯示較高的支配力或更為優勢的位置。詳見IV.4.1及*PN3*'s Introduction，§15。

★特殊部位（Part）：詳見**特殊點**（Lot）。

★搭檔星（Partner）：當**釋放星**推進（directed releaser）於不同的**界**（Bound）上，會以星體或光線產生相位關係的行星。

★外來的（Peregrine）：係指當行星都沒落在五種**必然尊貴**（Diginity）。詳見I.9。

★黏液質（Phlegmatic）：詳見**體液**（Humor）。

★缺陷度數（Pitted degrees）：相等於**缺點度數**（Welled degrees）。

★軸心（Pivot）：相等於**尖軸**（Angle）。

★行星年（Planetary years）：根據不同條件，由行星所掌管的不同年份期間。詳見VII.2。

★妨礙（Prevention）：詳見**會合／妨礙**（Conjunction／prevention）。

★主限向運法（Primary directions）：詳見**向運法**（Directions）。

★主限運動（Primary motion）：係指天體以順時鐘或由東至西的方向運動。

★小限法（Profection）：拉丁文*profectio*，就是「前進」（advancement）、出發（set out），為流年預測的一項方法，以星盤的某個位置（通常是**上升位置**〔Ascendant〕）為起點，每前進一個星座或30度，即代表人生的一年。詳見VIII.2.1與VIII.3.2，以及附錄F。

★禁止（Prohibition）：相等於**禁止**（Barring）。

★允星（Promittor）：文義上係指某事物「朝向前」（sent forward），指由某個點**推進**（Directed）至**徵象星**（Significator），或是徵象星**被釋放**（Released）或推進至此點（取決於推進運動之觀察角度）。

★推進（Pushing）：係指一行星以入相位去**連結**（Connection）另一個**容納**（Receiving）它的行星。詳見III.15－18。

★*Qasim／qismah*：為**配置星**（Distributor）與**配置**（Distribution）的阿拉伯名詞。

★象限宮位制（Quadrant houses）：係指一種將天宮圖疊在十二星座上，

並另行區分成十二份的區間方法,每個區間賦予不同的人生主題,也以此衡量力量(例如:普菲力制〔Porphyry〕、阿拉一恰比提爾斯的半弧制〔Alchabitius Semi－Arcs〕,或是雷格蒙塔納斯制〔Regiomontanus〕),舉例來說,如果中天(MC)落在第十一個星座,從中天至上升的空間便會被分隔成幾個區間,這些區間會與星座重疊,但兩者的起始位置卻不相同。詳見I.12與Introduction §6。

★ **四正星座**(Quadruplicity):係指四個一組(fourfold)具有共同的行為模式的星座分類。啓動(movable、基本〔cardinal〕、轉變〔convertible〕)星座的共同特質係快速形成新的狀態(由其季節特性),這些星座為:牡羊座、巨蟹座、天秤座、魔羯座。固定(Fixed,有時也稱「堅定」〔firm〕)星座的共同特質是事物會穩定且持續,這些星座為:金牛座、獅子座、天蠍座、水瓶座。雙元(Common、變化〔Mutable〕、雙體〔Bicorporeal〕)星座的共同特質就是轉變,且同時具備快速變化及固定的特質,這些星座為:雙子座、處女座、射手座、雙魚座。詳見I.10.5。

★ **詢問事項**(Quaesited / quesited):係指**卜卦占星**(Horary)中,所詢問的事項。

★ **詢問者**(Querent):係指**卜卦占星**(Horary)中,詢問問題的人(或是代表問事者來詢問的人)。

★ **容納**(Reception):當行星受另一個行星**推進**(Push),尤其是它們之間有**尊貴力量**(Diginity)之關聯性,或是來自各種不同型態的友誼星座(agreeing sign)形成**三合**(Trine)或**六合**(Sextile)相位。詳見III.25。

★ **反射**(Reflection):當兩個行星彼此為**不合意**(Aversion)之關係,但有第三個行星可**集中**(Collects)或**傳遞**(Transfers)它們的光線。若是光線集中,這個行星就在別處反射了光線。詳見III.13。

★ **限制**(Refrenation):詳見**撤回**(Revoking)。

★ **關注**(Regard):詳見**相位**(Aspect)。

★ **釋放星**(Releaser):係為**向運法**(Direction)的重點,當判斷壽命時,會固定觀察幾個位置所具備的特性,釋放星即其一(詳見VIII.1.3)。判斷流年時,會以壽命的釋放星,或是特定主題的其中一個相關位置,又或者就以**上升**度數作為預設的釋放星去推進或**配置**(Distribute)。多數占星師在

週期盤（Revolution）的判斷上，係選擇以上升度數作為釋放星去推進。

★偏遠的（Remote）：相等於**果宮**（Cadent）。詳見**始宮**（Angle）。

★隱退（Retreating）：係指行星落在果宮的位置，詳見III.4與Introduction §6，與**始宮**（Angle）。

★逆行（Retrograde）：係指行星對星座與恆星的相對位置而言，似乎以後退或是順時鐘方向移行。詳見II.8與II.10。

★回歸盤（Return）：相等於**週期盤**（Revolution）。

★反覆（Returning）：受**焦傷**（Burned up）或是**逆行**（Retrograde）的行星受到另一行星**推進**（Push）時會呈現的狀態。詳見III.19。

★撤回（Revoking）：當行星欲以入相位**連結**（Connection）時卻停滯或即將轉為**逆行**（Retrograde），因此無完成連結。詳見III.20。

★週期盤（Revolution）：有時稱為一年的「循環」（Cycle），或「轉移」（Transfer）、「改變」（Change-over）。以定義上來說，係為太陽回歸黃道的特定位置之時刻，同時上升與其他行星移動所至的位置。以本命盤為例，即是太陽回到本命太陽所在位置的時刻；以時事占星為例，通常是指太陽回到牡羊座0度的位置。但通常判斷週期盤需合併其他的預測方法，例如，**配置法**（Distribution）、**小限法**（Profections），以及**法達運程**（*Firdārīyyah*）。詳見*PN3*。

★上升赤經（Right ascensions）：指天球赤道的度數，特別是以此計算子午線所經過的度數去推算**上升赤經**（Ascensions）與**向運法**（Direction）之弧角。

★右方／左方（Right / left）：右方（或稱「右旋」〔dexter〕）是指相較於行星或星座的對面位置，位於黃道位置之前的度數與**相位**（Aspect）；左方（或稱「左旋」〔sinister〕）就是位於黃道位置之後的度數與相位。舉例來說，如果行星落於摩羯座，它的右方相位會在天蠍座、天秤座與處女座；它的左方相位會在雙魚座、牡羊座與金牛座。詳見III.6。

★基礎盤（Root）：指一星盤為另一個星盤的基礎，基礎盤常用在決定某件事物時應有的具體考量。舉例來說，**本命盤**（Nativity）為**擇日盤**（Election）的基礎盤，當決定擇日盤時，一定要讓它能與本命盤調和。

★年主星（*Sālkhudhāy*）：來自波斯文的「年主星」，相等於**年主星**（Lord of

the Year）。

★血液質（Sanguine）：詳見**體液**（Humor）。

★灼傷（Scorched）：詳見**燃燒**（Burned up）。

★次限運動（Secondary motion）：係指行星順著黃道的逆時鐘運動。

★區分（Sect）：係指一種將星盤、行星、星座區分為「白天」（diurnal／day）與「夜間」（nocturnal／night）的方式。若太陽在地平線上即為日間盤，反之則為夜間盤。行星的區分法詳見於V.11。陽性星座（如牡羊座、雙子座等）為日間區分，陰性星座（如金牛座、巨蟹座等）為夜間區分。

★看見、聽見、聽從星座（Seeing,hearing,listening signs）：這些星座相似於**命令／服從星座**（Commanding／obeying）。詳見I.9.6所附保羅（Paul of Alexandria）版本的兩張圖。

★離相位（Separation）：係指當行星已經以**相位**（Aspect）或是**會合**（Assembly）完成**連結**（Connection）後，逐漸分開來。詳見III.8。

★六分相（Sextile）：係指以**整星座制**（Whole Sign）或容許度制的一種**相位**（Aspect），形成此相位的兩個行星彼此落在相距60度的星座，例如：牡羊座與雙子座。

★徵象主星（Significator）：係指（1）星盤中的某個行星或位置代表某個主題的事物（透過它的自然特徵，或是宮位位置，或主管關係等），或是（2）在**主限向運法**（Primary Direction）中所被**釋放**（Release）的點。

★左旋（Sinister）：係指「左方」（Left）。詳見**右方／左方**（Right／left）。

★奴役（Slavery）：相等於**弱**（Fall）。

★儀隊（Spearbearing）：相等於**護衛星**（Bodyguarding）。

★四分相（Square）：係指以**整星座制**（Whole signs）或容許度制的一種**相位**（Aspect），形成此相位的兩個行星彼此落在相距90度的星座，例如：牡羊座與巨蟹座。

★標椿（Stake）：相等於**始宮**（Angle）。

★月下世界（Sublunar world）：以古典的宇宙觀來看，此為在月球下的四大**元素**（Element）之世界。

★續宮（Succeedent）：詳見**始宮**（Angle）。

★外行星（Superior）：係指較太陽為遠的行星，即為土星、木星、火星。

★配對盤（Synastry）：係比較兩個或以上的星盤，以此判斷適合度，經常應用在情感關係或朋友關係上。詳見*BA*附錄C中有關友誼的討論與參考依據，以及*BA* III.7.11與III.12.7。

★*Tasyīr*：阿拉伯文的「派遣」（dispatching）、「發送」（sending out），相等於主限**向運法**（Directions）。

★氣質（Temperament）：係指以**元素**（Element）或**體液**（Humor）的一項綜合**判斷**（有時也稱為「氣色」〔complexion〕），由此可知一個人或某個行星的典型行為模式、外觀與能量高低。

★四角形（Tetragon）：相等於**四分相**（Square）。

★時間主星（Time Lord）：係指在行運的預測中，會以一行星主管某些時間期間，例如，**年主星**（Lord of the Year）就是**小限法**（Profection）的時間主星。

★轉變（Transfer）：當一行星離開另一行星，並與其他行星連結。詳見III.11。

★過運（Transit）：一行星通過另一個行星或敏感點（以緊密度數會合或形成**相位**〔Aspect〕關係），或通過某個星座（即使是以**整個星座**〔Whole Sign〕也影響著一些相關的點）。在古典占星中，並非每個過運都會出現顯著徵象，例如，**時間主星**（Time Lord），或是落於**小限**（Profection）宮位的**整個星座**（Whole Sign）**始宮**（Whole-sign angle）的行星，這些行星的過運會比其他行星更為重要。詳見VIII.2.4與*PN3*。

★轉換（Translation）：相等於**轉變**（Transfer）。

★三角形（Trigon）：相等於**三分相**（Trine）。

★三分相（Trine）：係指以**整星座制**（Whole Sign）或容許度制的一種**相位**（Aspect），形成此相位的兩個行星彼此落在相距120度的星座，例如：牡羊座與獅子座。

★輪替（Turn）：阿拉伯文*dawr*，係為運程預測的名詞，指在不同的行星輪流負責成為**時間主星**（Time Lord）。詳見VIII.2.3中提到一項輪替的用法。

★十二部分（Twelfth-parts）：係指將一星座以每2.5度的間隔再細分，並由另一個星座代表此間隔。例如十二部分中的雙子座4度由巨蟹座所代表。詳

見IV.6。

★光束下（Under rays）：係指行星與太陽相距約7.5度至15度之間，無論是在太陽升起前，或是太陽降落後，都無法被看見。有些占星家更由各別行星細分出不同的距離（更具有天文學的精確性）。詳見II.10。

★燃燒（*Via combusta*）：詳見**燃燒途徑**（Burnt path）。

★勝利星（Victor）：阿拉伯文*mubtazz*，係指一行星在某個主題上（I.18），或是以整個星盤而言（VIII.1.4），是最具有權威的代表性。

★空虛（Void in course）：相等於**空虛**（Emptiness of the course）。

★井度數（Well）：係指行星落於某個度數會使它的作用變得模糊不明。詳見VII.9。

★西方（Western）：詳見**東／西方**（Estern／western）。

★整個星座宮位制（Whole sign）：係指最古老的分配人生主題的宮位系統，以及**相位**（Aspect）關係。以落於地平線的整個星座（即為**上升星座**〔Ascendant〕）視為第一宮，第二個星座則為第二宮，以此類推。相同地，也是以整個星座的關係去判斷相位關係，如落在牡羊座的行星會與落在雙子座的行星形成相位，但如果之間的度數距離愈接近則關係愈緊密。詳見I.12、III.6以及Introduction §6。

★野蠻（Wildness）：係指一行星未與任何行星形成**相位**（Aspect）關係，即使它落在自己的星座上。詳見III.10。

參考文獻

★Abū Ma'shar, *Abū Ma'shar on Historical Astrology: The Book of Religions and Dynasties*,由Keiji Yamamoto and Charles Burnnett翻譯校訂 （Leiden: Brill, 2000）

★Aristotle, *Physics*, Robin Waterfield翻譯 （Oxford: Oxford University Press,1996）

★Dykes, Benjamin所翻譯校訂, *Introductions to Traditional Astrology: Abu Ma'shar & al-Qabīsī*（Minneapolis, MN: The Cazimi Press, 2010）

★Holden, James H., *A History of Horoscopic Astrology* （Tempe, AZ: American Federation of Astrologers, Inc., 2006）

★Ibn Ezra, Abraham, *The Beginning of Wisdom*, Meira Epstein翻譯, Robert Hand校訂 （Arhat Publications, 1998）

★Morin, Jean-Baptiste, *The Morinus System of Horoscope Interpretation* （*Astrologia Gallica* Book 21）, Richard S. Baldwin翻譯 （Washington, DC: The American Federation of Astrologers, Inc., 1974）

★Paulus Alexandrinus, *Late Classical Astrology: Paulus Alexandrinus and Olympiodorus*，Dorian Gieseler Greenbaum翻譯, Robert Hand校訂 （Reston, VA: ARHAT Publications, 2001）

★Pingree, David, *From Astral Omens to Astrology: From Babylon to Bīkīner* （Rome: Istituto italiano per L'Africa e L'Oriente, 1997）

★Sahl bin Bishr *The Fifty Judgments*,收錄於Dykes, Benjamin所翻譯與校訂, *Works of Sahl & Māshāállāh* （Golden Valley, MN: The Cazimi Press, 2008）

★Valens, Vettius, *The Anthology*, vols. I-VII, Robert Hand翻譯, Robert Schmidt校訂 （Berkeley Springs, WV: The Golden Hind Press, 1993-2001）

FUTURE 59

當代古典占星研究：入門古典占星的第一本書
Traditional Astrology for Today: An Introduction

原著書名 —— Traditional Astrology for Today: An Introduction
原出版社 —— Cazimi Press
作者 —— 班傑明‧戴克（Benjamin N. Dykes）
譯者 —— 韓琦瑩（Cecily Han）
企劃選書 —— 何宜珍
責任編輯 —— 鄭依婷
特約編輯 —— 張雅惠

版權 —— 吳亭儀、江欣瑜、林易萱
行銷業務 —— 周佑潔、賴玉嵐、林詩富、賴正祐、吳藝佳
總編輯 —— 何宜珍
總經理 —— 彭之琬
事業群總經理 —— 黃淑貞
發行人 —— 何飛鵬
法律顧問 —— 元禾法律事務所 王子文律師
出版 —— 商周出版
　　　　115台北市南港區昆陽街16號4樓
　　　　電話：（02）2500-7008　傳真：（02）2500-7579
　　　　E-mail：bwp.service@cite.com.tw
　　　　Blog：http://bwp25007008.pixnet.net./blog
發行 —— 英屬蓋曼群島商家庭傳媒股份有限公司城邦分公司
　　　　115台北市南港區昆陽街16號8樓
　　　　書虫客服專線：（02）2500-7718、（02）2500-7719
　　　　服務時間：週一至週五09:30-12:00；13:30-17:00
　　　　24小時傳真專線：（02）2500-1990；（02）2500-1991
　　　　劃撥帳號：19863813　戶名：書虫股份有限公司
　　　　讀者服務信箱：service@readingclub.com.tw
　　　　城邦讀書花園：www.cite.com.tw
香港發行所 —— 城邦（香港）出版集團有限公司
　　　　香港九龍土瓜灣土瓜灣道86號順聯工業大廈6樓A室
　　　　電話：（852）2508-6231　傳真：（852）2578-9337
　　　　E-mail：hkcite@biznetvigator.com
馬新發行所 —— 城邦（馬新）出版集團【Cite (M) Sdn Bhd】
　　　　41, Jalan Radin Anum, Bandar Baru Sri Petaling,
　　　　57000 Kuala Lumpur, Malaysia.
　　　　電話：（603）9056-3833　傳真：（603）9057-6622
　　　　E-mail：services@cite.my

封面設計 —— 鄭宇斌
內頁編排 —— 林家琪、黃雅芬
印刷 —— 卡樂彩色製版印刷有限公司
經銷商 —— 聯合發行股份有限公司 電話：（02）2917-8022　傳真：（02）2911-0053

2013年11月12日初版
2024年05月02日2版
定價400元　Printed in Taiwan　著作權所有，翻印必究
ISBN 978-626-390-098-1
ISBN 978-626-390-096-7（EPUB）

城邦讀書花園
www.cite.com.tw

線上版讀者回函卡

國家圖書館出版品預行編目（CIP）資料
當代古典占星研究：入門古典占星的第一本書／班傑明‧戴克（Benjamin N. Dykes）著；韓琦瑩（Cecily Han）譯. -- 2版. -- 臺北市：商周出版：英屬蓋曼群島商家庭傳媒股份有限公司城邦分公司發行, 2024.05, 288 面；14.8×21 公分
譯自：Traditional Astrology for Today: An Introduction
ISBN 978-626-390-098-1（平裝）　1. CST: 占星術
292.22　　113004122

FUTURE

FUTURE

FUTURE

FUTURE